偷看

愛迪生的
聊天室

27位世界偉人的凸槌趣史

崔玉任 著　金素姬 繪　馬毓玲 譯

 **作家的話**

　　當我們只看成功人士的華麗表現時，會認為他們和「失誤」是八竿子也打不在一起，然而他們其實和我們並沒有不同，因為人類是「會犯錯的生物」。

　　失誤並不一定是件壞事，反倒可能成為魅力所在。
　　對此，有個關於失誤的有趣實驗。在機智問答節目開始前，先對兩位參加者進行訪問，其中一人順利地完成訪問，另外一人則是在訪問途中打翻了飲料。你猜，等到問答節目開始以後，觀眾們會為誰加油？結果顯示，訪問途中失手打翻飲料者在搶答成功時，獲得更大聲的歡呼。

　　人類有個傾向，喜歡帶有若干缺點的人更勝於完美者，並且會從那些缺失感受到其個人的魅力。相信在各位閱讀完本書以後，也能與歷史人物越感親近。

　　在我們的生活周遭有許多發明成就自意外，像是作為抗生素使用並拯救無數條生命的盤尼西林，就是源自於忘記將培養皿蓋上蓋子的失誤；便利貼則是在製作強力黏著劑的過程中，不慎調配成低度黏著劑的過程中產生，這都是「失誤產生的效果」。透過失誤，我們能夠發現過去未知的事實，並從中學習到新的知識！

也許有些孩子們會因過去的失誤而難過至今，並不停責怪自己，請你們放下這樣的念頭，好好原諒自己，給自己傳送「我要原諒失誤的自己」訊息，同時也要愛自己現在的模樣，在未來的某一天，你一定會看到因為失誤而成長的自己。

唯有失誤才能讓人顯得可愛。 ——歌德

老是犯錯的大人　崔玉任

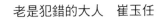

搶先看27位歷史人物
讓人啼笑皆非的失誤！

從歷史人物的觀點
看看SNS與聊天室對話！

愛因斯坦（1879~1955）

名人也有不為人知的一面

身為天才科學家，
卻連回家的路也找不到？

♡ ♀ ▽ 荒謬 2,503,891個

愛因斯坦 #幫我找一下我家在哪裡 #這裡是哪裡我是誰 #迷路啦
有誰知道怎麼去我家嗎？相對論那麼聰明，怎麼找回家的路就這麼難？

愛因斯坦在4歲以前都不會說話，到了9歲仍口齒不清，勉強能和人進行對話。除此之外，長大成人以後也無法自己綁好鞋帶。即使如此，他仍在專業領域一展長才，有著傲人的表現。

在獲得諾貝爾獎的幾年後，愛因斯坦開始在美國的普林斯頓大學任教，從此直到過世他都住在同一棟房子裡，可是他卻經常忘記回家的路，總是走到別人家，究竟他的健忘症有多嚴重？

吱吱喳喳~ 事續發展

愛因斯坦
親愛的，我忘了回家的路。

妻子愛爾莎
你又迷路了嗎？這已經不是一兩次了耶！

愛因斯坦
快告訴我我們家的地址啦！

妻子愛爾莎
馬歇爾街112號！這麼簡單也記不起來嗎？

愛因斯坦
馬歇爾街112號！我知道了。

妻子愛爾莎
你再跑跟人家試試看！丟臉死了！

找不到就打電話給我吧，我出去接你。

愛因斯坦
可是，我們家電話號碼是幾號啊？

妻子愛爾莎
你的腦子怎麼那麼爛！你都記得起來那麼難的物理學公式；為什麼幾個數字的電話號碼就記不起來呢？

結果如何呢？
由於愛因斯坦老是忘記回家的路，所以同事都幫他畫好簡單的地圖並隨身攜帶，但情況一樣沒什麼改善。
也因為他老是記不起來自家的電話號碼，每當他要打電話回家時，總是要翻閱電話簿才行。

也發生了這樣的事！
有一天，愛因斯坦弄丟了火車票，急忙地四處翻找，認得愛因斯坦的列車長看到他慌張的模樣，便表示不會跟他查票。但愛因斯坦卻這麼回答列車長：「謝謝您，但我一定要找到車票。」列車長不解，向他詢問理由何在，結果愛因斯坦回道：「要看了車票才知道我要去哪裡啊！」

深層探究和失誤
有關的知識。

也發生了這樣的事！
可以進一步
了解事件的後續。

結果如何呢？
了解失誤
所造成的結果。

深層探究！
深入淺出的說明，
能夠幫助理解。

加油！

不可錯過歷史人物的
功績與生平！

儘管如此一竟然是最棒的

20世紀最偉大的科學家，愛因斯坦

愛因斯坦終其一生致力於自然法則的研究，他對於光線、時間與空間、宇宙所發表的研究理論，造就了我們今日的便利生活。

受惠愛因斯坦研究最深，也最具代表性的就屬GPS這項產物，因為若沒有相對論，是不可能產出這項技術；而我們要是沒有GPS，也就不能製造飛機的自動導航系統，以及我們手機上的地圖APP了。

不只如此，其實以下介紹的日常便利設施也全都是愛因斯坦的理論啟蒙而發明：

自動門

影印機

指紋辨識

數位相機

遙控器

電視機

太陽能發電裝置

愛因斯坦的生平

1879 出生在德國烏爾姆的猶太家庭裡
1894 高中輟學
1895 重新進入瑞士的高中就學
1896 開始進入瑞士蘇黎世聯邦工業大學就讀物理學系

1902 於瑞士專利局擔任鑑定員

廣義相對論主張重力會扭曲周遭的時空結構，在當時是一種超前的全新概念，許多物理學者也無法理解。

1919 透過日蝕光線偏折的照片證實廣義相對論為正確理論
1916 發表針對狹義相對論進行補充的廣義相對論論文
1912 當上瑞士蘇黎世聯邦工業大學的教授
1905 發表探究相對論的論文

1921 獲得諾貝爾物理學獎

愛因斯坦的論文成功解釋出在光線照射之下金屬會釋出電子的光電反應，獲得認同與讚譽表揚。

1933 在納粹對猶太人的壓迫日益嚴重之下，離開德國後逃亡到美國
1939 告知美國總統關於德國的原子彈研究計畫一事
1952 被婉拒以色列總統的邀請
1955 於逝世前辭世

◎本書中的SNS與聊天室對話是為了幫助小朋友們理解所創作的內容。
內容以史實為基礎，輔以現代感的方式呈現。
在此特別說明，該內容並非實際人物所寫的訊息或對話。

◎本書中的韓國歷史人物年紀以虛歲（出生當年年度即為一歲，於新年首日往上加一歲的方式）標示，而世界偉人的年紀則是以實歲標示（該年度減掉出生年度之計算方式）。

目次

令人意想不到的一面！

愛因斯坦　身為天才科學家，卻連回家的路也找不到？ ···10

林肯　明明是自己的婚禮卻沒有出席？ ···14

愛迪生　未支付約定好的薪資？ ···18

金九　拿爸爸的湯匙換糖吃？ ···22

史蒂芬·霍金　科學賭注次次皆輸？ ···26

正祖　其實是朝臣眼中的髒話大王？ ···30

丁若鏞　射箭從未命中目標？ ···34

慘痛的失誤

米開朗基羅　太過毒舌，慘遭朋友打斷鼻骨？ ···38

諾貝爾　因為發明而痛失弟弟？ ···42

我行我素不受控！

韓德爾　把歌手拋到窗外？ ···46

海明威　在戰場上恣意妄為，還做出危險行動？ ···50

達利　穿著潛水裝出現在展示會場？ ···54

轉禍為福

海頓　讓演出中的交響樂團樂手退場？ ···58

柳一韓　在送貨途中撞到建築物？ ···62

令人臉紅的失誤

方定煥　對褲子做出失禮的事情？　··· 66

比爾·蓋茲　發表新品時，出現藍屏當機畫面？　··· 70

害苦了身邊人

世宗大王　沒肉就不吃飯的偏食大王？　··· 74

貝多芬　三天兩頭就更換幫傭？　··· 78

安徒生　都已經是個大人了，還趴在草地上鬧脾氣？　··· 82

梵谷　和朋友徹夜吵架？　··· 86

李仲燮　把賣畫所得到的錢全都花光了？　··· 90

賈伯斯　是個身上發出臭味的素食主義者？　··· 94

終非池中之物

達文西　達文西曾經當過廚師？　··· 98

麥可·喬丹　籃球皇帝喬丹曾經是棒球選手？　··· 102

就這樣結束嗎？

蔣英實　皇帝要搭乘的轎子壞了？　··· 106

高第　因為穿著太破爛，沒人要帶他去醫院？　··· 110

瑪麗·居禮　口袋裡隨時裝著放射性物質？　··· 114

天才是1%的靈感，再加上99%的努力。

我是天才！

愛因斯坦（1879～1955）

身為天才科學家，卻連回家的路也找不到？

❤️ 💬 📤 荒謬　2,503,891 個　　　　　　🔖

愛因斯坦　#幫我找一下我家在哪裡 #這裡是哪裡我是誰 #迷路啦
有誰知道怎麼去我家嗎？相對論那麼簡單，怎麼找回家的路就這麼難？

　　愛因斯坦在4歲以前都不會說話，到了9歲仍口齒不清，勉強能和人進行對話。除此之外，長大成人以後也無法自己綁好鞋帶。即使如此，他仍在專業領域一展長才，有著傲人的表現。

　　在獲得諾貝爾獎的幾年後，愛因斯坦開始在美國的普林斯頓大學任教，從此直到過世他都住在同一棟房子裡，可是他卻經常忘記回家的路，總是走到別人家，究竟他的健忘症有多嚴重？

吱吱喳喳～後續發展

愛因斯坦
> 親愛的，我忘了回家的路。

妻子愛爾莎
> 你又迷路了嗎？這已經不是一兩次了耶！

愛因斯坦
> 快告訴我們家的地址啦！

妻子愛爾莎
> 馬歇爾街112號！這麼簡單也記不起來嗎？

愛因斯坦
> 馬歇爾街112號！我知道了。

妻子愛爾莎
> 你再跑錯人家試試看！丟臉死了！

> 找不到就打電話給我吧，我出去接你。

喀呦，頭好痛～

愛因斯坦
> 可是，我們家電話號碼是幾號啊？

妻子愛爾莎
> 你的健忘症也太嚴重了吧！你都記得起來那麼難的物理學公式，為什麼才幾個數字的電話號碼就是記不起來呢？

愛不了～！

結果如何呢？

由於愛因斯坦老是忘記回家的路，所以同事都勸他畫好簡單的地圖並隨身攜帶，但情況一樣沒什麼改善。

也因為他老是記不起來自家的電話號碼，每當他要打電話回家時，總是要翻閱電話簿才行。

也發生了這樣的事！

有一天，愛因斯坦弄丟了火車票，急忙地四處翻找，認得愛因斯坦的列車長看到他慌張的模樣，便表示不會跟他查票。但愛因斯坦卻這麼回答列車長：「謝謝您，但我一定要找到車票。」
列車長不解，向他詢問理由何在，結果愛因斯坦答道：「要看了車票才知道我要去哪裡啊！」

11

20世紀最偉大的科學家，愛因斯坦

　　愛因斯坦終其一生致力於自然法則的研究，他對於光線、時間與空間、宇宙所發表的研究理論，造就了我們今日的便利生活。

　　受惠愛因斯坦研究最深，也最具代表性的就屬GPS這項產物，因為若沒有相對論，是不可能產出這項技術；而我們要是沒有GPS，也就不能製造飛機的自動導航系統，以及我們手機上的地圖APP了。

　　不只如此，其實以下介紹的日常便利設施也全都是受愛因斯坦的理論啟蒙而發明：

自動門　　影印機　　指紋辨識　　數位相機　　遙控器　　電視機　　太陽能發電裝置

愛因斯坦的生平

1879　　　　**1894**　　　　**1895**　　　　**1896**

出生在德國烏爾姆的　高中輟學　　　重新進入瑞士的　開始在瑞士蘇黎世
猶太家庭裡　　　　　　　　　　　　高中就學　　　聯邦工業大學就讀
　　　　　　　　　　　　　　　　　　　　　　　　物理學系

於瑞士專利局　　　**1902**
擔任鑑定員

廣義相對論主張
重力會扭曲周遭的時空結構，
在當時是一種超前的全新概念，
許多物理學者也無法理解。

1919　　　　**1916**　　　　**1912**　　　　**1905**

透過日蝕光線偏折　發表針對狹義相對　當上瑞士蘇黎世　發表狹義
的照片證實廣義相　論進行補充的廣義　聯邦工業大學的　相對論論文
對論為正確理論　　相對論 論文　　　教授

1921　獲得諾貝爾物理學獎

愛因斯坦的論文成功解釋出
在光線照射之下，
金屬會釋放出電子的
光電反應，獲得諾貝爾獎表揚。

1933　　　　**1939**　　　　**1952**　　　　**1955**

在納粹對猶太人的壓　告知美國總統關於德國　拒絕出任以色列總統　於76歲時辭世
迫日益嚴重之下，離　的原子彈開發計畫，並　的邀請
開德國逃亡到美國　　要求美國做出對應

林肯（1809～1865）

明明是自己的婚禮
卻沒有出席？

❤️ 💬 ✈️ 難過　2,240,169 個　　　　　　　　　　　　🔖

林肯　#瑪麗・陶德　#訂婚　#後悔　#恐怖的婚禮　#到底要不要去
一定要結這個婚嗎？如果和瑪麗結婚的話，未來肯定會變得不幸，到底該怎麼辦才好？

　　美國的第16屆總統林肯，被譽為是最偉大的總統，可是林肯的婚禮卻不如他響亮的名氣般盛大。

　　林肯雖然已經與瑪麗・陶德訂婚，但由於瑪麗易怒又嘮叨，讓林肯很快地就後悔與她訂婚。最後，於1841年1月1日兩人結婚當日，當各界知名人士雲集春田市之際，新郎本人卻未現身婚禮，究竟他那時在做什麼？

瑪麗‧陶德
姊姊，怎麼辦啦？現在大家一定都在恥笑我。

愛德華茲姊姊
我也不曉得該說什麼來安慰妳，給妳拍拍。

瑪麗‧陶德
我絕對不原諒林肯這傢伙！他要是敢出現在我面前，我絕對不會放過他。

愛德華茲姊姊
大家已經出去找他了，相信很快就會有消息了。他們說會去林肯常去的地方找他。

瑪麗‧陶德
我一定要和林肯結婚！他將來是要成為總統的人，而我也會成為第一夫人！

愛德華茲姊姊
那個，瑪麗啊……要是林肯不想跟妳結婚的話，不如就放手讓他自由吧？

瑪麗‧陶德
妳不是我姊姊嗎？怎麼可以這麼說！

結果如何呢？

眾人在天亮之際才找到林肯，他人在自己的辦公室，當時有如精神失常，說起話來語無倫次。
過了差不多2年以後，瑪麗在友人家等候受邀造訪的林肯，她認為當初林肯破壞結婚的約定實在太不符合道理，硬是要林肯重新和她再辦一次婚禮，最終林肯總算答應她的要求。

也發生了這樣的事！

與林肯不同，出身自富裕家庭的瑪麗一直相信自己會和能夠成為美國總統的男人結婚，也許就因如此，她才能看出林肯的可能性，並讓自己的夢想成真。瑪麗在婚後常被人批評其行為莽撞、奢侈成性，儘管如此，林肯依舊包容她，專情於她23年。

解放黑人奴隸，並統一美國的總統

▲林肯的解放奴隸宣言

民有、民治、
民享之政
必永續於世。

▲林肯紀念館內的銅像

「1863年1月1日起，所有奴隸將獲得永遠的自由。美國行政部包括陸海軍在內，將承認並維護他們的自由，不再限制他們的行動。」

1863年11月19日，林肯於蓋茨堡公墓發表了一段演說，雖然該演說僅是一段為時不到5分鐘的簡短演說，但卻感動了無數人。

其中「民有、民治、民享」這句簡單話語，完美展現出民主主義的精神，一直流傳至今。

在解放奴隸宣言公布後的140多年，美國選出了史上第一位黑人總統，也就是美國第44屆總統，歐巴馬。歐巴馬的就職宣言是這麼說的：
「就像我們美國在比今日更加分裂之時，林肯曾說過的那樣，我們彼此並非敵人，而是朋友、是同志。」

林肯的生平

1809

1827

1831

1834

出生在美國肯德基州
的一間木屋裡

成為俄亥俄河的
渡船船夫

看到紐澳良的奴隸
市場以後，大受衝擊

當選伊利諾州
的議員

當選州議員之後，
苦讀3年考上
律師執照

未出席與瑪麗·陶德
的婚禮

1841

1861

1860

1842

爆發美國史上最不幸
的南北戰爭

代表共和黨當選
美國總統

與瑪麗·陶德結婚

南北戰爭指的是贊成解放
奴隸的美國北部地區與反對
解放奴隸的南部地區
所引起的對戰。

1863

1864

1865

南方地區大肆批評解放
奴隸宣言，戰火變得更
加猛烈

再次當選總統

• 花費約4年的時間才平息南北戰爭
• 在戰爭結束幾天以後，被南方的青
年開槍擊中，因而撒手人寰

愛迪生（1847～1931）

未支付
約定好的薪資？

❤️ 💬 ✈️ 太過分了　8,981 個 🔖

愛迪生 #愛迪生VS特斯拉 #直流VS交流 #電流戰爭 #反對交流
特斯拉研發的交流電只需幾秒就能電死一頭大象，實在是太危險了！還是安全的直流最好了！

　　愛迪生不僅是個卓越的發明家，更是個擅長經營與自己發明品相關事業的企業家。向來一帆風順的愛迪生有個人生勁敵，那就是進入他研究所工作的年輕研究員，特斯拉。愛迪生與特斯拉的關係，因為一些小事而漸行漸遠，最後更導致兩人各自研發直流電與交流電，引發一場電流戰爭。愛迪生為了贏得這場戰爭，甚至使用交流電電擊踩死訓練師的大象。究竟是什麼事情使得他們關係不再呢？

發生了什麼事呢？

特斯拉
社長，我已經改善直流發電機的缺點，同時也大幅提升其功能了。

愛迪生
喔？是真的嗎？我還以為不可能……。

特斯拉
我完成了這項艱難的任務！上次您答應過我，要是成功就要給我 5 萬美金* 的獎金。

愛迪生
你居然把那話當真？哈哈！你真是不懂美國式幽默耶。

特斯拉
什麼幽默？我可是每天熬夜埋頭研發耶！

愛迪生
你冷靜一點，不然這樣好了，我幫你週薪加薪 10 美元。

特斯拉
不用了，老子我不幹了！

特斯拉離開了聊天室。

深層探究！

尼古拉・特斯拉（1856～1943）主張可更改電流方向與電壓的交流電優於直流電，但愛因斯坦卻對他的主張一點興趣也沒有，特斯拉為了證明自己的能力，便表示自己會改善直流電發電機的缺點，並為公司帶來更多利益。

* 5 萬美金以現今的匯率計算約等於 150 萬台幣。

結果如何呢？

此事過後，特斯拉便離開了愛因斯坦的研究所，並發明了交流電必須的設備。最後，1893 年於芝加哥舉行的萬國博覽會，以及 1895 年建立於尼加拉瓜大瀑布的世界第一所水力發電所，皆採用了交流電，這也象徵著特斯拉在這場電流戰爭中取得勝利。

改變世界的**愛迪生發明品**

　　愛迪生擁有1,093項專利產品，是個天才發明家，他所發明的2千多項產品之中，諸如電瓶、冰箱、洗衣機、吸塵器、烤麵包機、電風扇、電暖爐、電熨斗、兒童床、會說話的人偶等，大大改變了我們的生活，使我們的生活變得更加便利。

留聲機開創了隨時都能收聽音樂的**音響文化！**
這是世界最初能夠記錄並回放聲響的方式，也是愛迪生最珍愛的發明品。

白熾燈泡照亮人類的夜晚！
這是最初的碳絲燈泡，被人稱為是自原始時代以來，「人類所發現的第二把火」，可見此項發明之偉大。

聲音

天才是1%的靈感，再加上99%的努力。

光線

我是 天才！

影像

放映機引發文化大革命！
電影的始祖！「活動電影放映機」。
這種放映機一次只能允許一個人透過小窗口觀看機內的電影。

愛迪生的生平

- 在火車上做實驗，結果引起火災，此時他也罹患了聽覺障礙
- 由於救了站長的兒子，得以獲得資助學習電信技術，並於翌年成為電信技師

1847 — **1854** — **1859** — **1862**

出生於美國俄亥俄州

才入學3個月，就因為發問了奇怪的問題而慘遭退學

由於家貧，12歲起就開始在火車上販售報紙與零食，以賺取生計

發明電子投票計數器，取得第一個專利

1868

- 設立門洛帕克研究所
- 發明碳精電極電話拾音器，其為現代電話始祖

1876

1884 — **1882** — **1879** — **1877**

1889

發明活動電影放映機

於門洛帕克研究所與特斯拉相遇及分道揚鑣

設立最早的中央發電所

發明白熾燈泡

發明留聲機

1892

設立世界最大消費電器產品公司，奇異公司（GE）

1893

設立「黑瑪麗」攝影棚，為世界電影產業之始祖

1909 — **1915** — **1929** — **1931**

開發鹼性蓄電池，並應用在福特汽車上

與特斯拉一同被提名成為諾貝爾物理學獎的候選人，但兩人都拒絕共同領獎

- 舉行白熾燈泡發明50週年紀念活動
- 愛迪生博物館開館

84歲時辭世，美國以全國關閉電燈1分鐘來進行哀悼

金九（1876～1949）

拿爸爸的湯匙換糖吃？

♥ ◯ ◁ 喜歡　95,150個　　　　　　　　　　□

金九　#一個人吃的糖果 #美味 #人生中的甜味 #美食IG
就算被爸爸罵了，我也要吃點好吃的東西。嗯嗯，糖果好甜好吃啊。

　　小時候的金九是出了名的淘氣鬼。「來買糖唷！不管是拿破掉的鍋子，還是歪掉的湯匙來交換都可以唷。」一個人獨自在家的金九聽到糖販的叫賣聲，眼睛都亮了起來，可是因為家裡貧窮，沒有什麼東西可以拿來交換糖果，於是金九就動起了鬼主意，把爸爸的湯匙掰成兩截，打算拿去換糖果。不過金九想起糖販會欺侮小孩子，所以他就把門上的窗紙戳了個小洞，然後從洞裡遞出湯匙來交換糖果。過沒多久，金九的爸爸便回到家裡，究竟金九的下場會怎樣呢？

昌巖 的爸爸

兒子啊，你嘴巴裡的糖果是哪裡來的？

年幼金九

啊，爸爸！對不起，請您原諒我。

昌巖的爸爸

你這傢伙！原來你偷拿我的湯匙去換糖果了。門上那個小洞也是你弄出來的，對吧！

年幼金九

對，不僅沒有被占便宜又吃到美味的糖果，可說是一石二鳥！

昌巖的爸爸

唉！那麼，你自己一個人吃糖果，覺得好吃嗎？

年幼金九

嗯，好甜好好吃。

昌巖的爸爸

看在你誠實的份上，我這次就放你一馬，下次要是再這樣的話，你看我會不會放過你！話說回來，這下我要拿啥吃飯啊，嘖！

年幼金九

俗話不是說「就算無牙還有牙齦在」嗎？有些國家的人民都用手吃飯呢！

昌巖的爸爸

瞧你說的是什麼鬼話！

深層探究！

　金九年幼時的名字叫做「昌巖」，至於「九」這個名字的由來，則是表示若有十人，則自己的程度約莫只是第九左右，為表謙虛之意。他還有一個別號是「白凡」，分別取字於表賤民之意的「白丁」，以及表平凡男子的「凡夫」，這也是他為了告誡自己，唯有百姓和平民都擁有強大愛國心時，才能獨立成功，因而取了這個別號。

也發生了這樣的事！

金九小時候最愛吃糖果，喜愛糖果的程度已經到了只要聽到糖販的刀切聲，就幾乎要把全村小孩的破爛東西都收集來換糖果吃。
在偷拿爸爸湯匙換糖果吃的事件沒多久之後，他又偷拿爸爸放在棉被底下的銅錢去買糕點吃，事跡敗露以後，換來了爸爸一陣毒打。

為了國家奉獻一生的**偉大指導者**

金九志在建立一個人人平等的世界，於是指揮組織了東學農民運動，並且在日本佔據韓國以後，以獨立領導者的身分活躍於海內外。以下語錄清楚地記錄了金九的決心：

▲ 金九的自傳《白凡逸志》

如果老天爺問我「你的心願是什麼？」我一定毫不猶豫地回答祂「我希望我們國家能夠獨立」；如果祂再問「那麼你下一個心願是什麼？」我會告訴他「我希望我們國家能夠獨立」；倘若祂又繼續問我第三次，那麼我一定會更大聲地回答祂「我希望我們國家能夠完全自主獨立」。

——出自《白凡逸志》

如果我有一發子彈可以發射，我不會拿來發射在日本人身上，我必會將它發射在背叛民主主義的賣國奴和叛變者身上。不管100次也好，1000次也好，這些人都必須先行處決。

你問我為什麼？因為他們是比日本人更可怕的敵人！

請成為統一祖國的門衛，
並擦亮國家的招牌。

走在雪徑時，千萬不要走得跟跟蹌蹌。
要告訴自己，今日自己所走過之路，對於將來走在同一條路上的人來說會是一個里程碑。

我希望我們國家能成為世上最美的國家，而非富強的國家。另外，我們國家因為外人的侵略而受苦，我也希望我們國家未來不會去侵犯他國。

——標示於白凡金九紀念館入口的一段話

 **金九的生平**

發動乙巳條約 無效
鬥爭,並展開國權恢
復運動

1876 — **1894~1895** — **1896** — **1905**

出生於黃海道
海州

參加東學農民運動,並成
為東學軍的指揮

懷疑明成皇后為某日
本人所殺害,於是下
手殺了該名日本人,
並因此事入獄。2年
後逃獄成功,轉身成
為僧侶

乙巳條約:1905年,
日本奪除韓國的外交權
並強迫韓國簽訂之條約

加入名為「新民會」
的祕密組織,並成為
黃海道的組織幹部

1908

1926 — **1919~1926** — **1911**

就任第6代大韓民國
臨時政府國務領

遠渡中國上海,並參與
建立大韓民國臨時政府

• 在日本強力鎮壓獨立運動
之下被捕
• 入獄5年間取別號「白凡」

1930~1939

• 組織光復軍
• 主導1932年的李奉昌義
舉與尹奉吉義舉

日本以60萬韓元的懸賞金
下令捉拿金九,換算成
現代幣值超過100億韓元。
可見金九的影響力讓日本畏懼。

1940 被選為大韓民國
臨時政府的主席

不行!

蘇聯　美國

1945 — **1948** — **1949**

• 隨著韓國光復,返國並參與
政治活動
• 反對美國與蘇聯替代韓國來
進行統治的「信託統治」,
並發起抗爭

• 積極奔走以建立統
一政府
• 造訪平壤以進行南
北韓協商

受陸軍少尉安斗熙
槍殺而離世,得年
74歲。然其背後真
相一直未能查明

令人意想不到的一面！

科學賭注 次次皆輸？

♥ ○ ◁ 喜歡 571,289 個 ⟊

史蒂芬・霍金 #基普・索恩 #打賭 #天鵝座X-1 #是黑洞？ #不是黑洞？
我賭「天鵝座X-1不是黑洞」，賭注是訂閱雜誌！

　　霍金21歲時罹患了肌萎縮性脊髓側索硬化症，儘管深為病痛所苦，他仍持續進行黑洞研究，致力於揭開宇宙之祕密。

　　日後他的病況加劇，使得他已無法開口說話，但他卻沒有失去幽默感，而且十分享受關於科學新發現的賭注。1975年，霍金和好友基普・索恩兩人就天鵝座X-1是否為黑洞打賭，霍金主張天鵝座X-1並不是黑洞，而基普・索恩則持反對意見，究竟是誰贏了這個賭注呢？

吱吱喳喳～後續發展

史蒂芬·霍金
基普·索恩 博士，你還記得我們15年前的賭注嗎？是我輸了。

基普·索恩
你也知道天鵝座X-1 裡觀測出黑洞物質了嗎？

史蒂芬·霍金
哈哈，對呀。那這個給你，請收下！

史蒂芬·霍金送禮物來了。

 〔基普索恩喜歡的雜誌1年份〕

基普·索恩
可是你輸了怎麼還這麼開心？

史蒂芬·霍金
你知道我為什麼說那不是黑洞嗎？
你想想喔，如果天鵝座X-1是黑洞的話，那麼它就是人類找到的第一個黑洞，這不是太讓人開心了嗎？
而且就算不是黑洞，我還是贏了這個賭注，不管結果如何都很好啊！

基普·索恩
哈哈，果然是霍金博士。

深層探究！

基普·索恩（1940～）曾為美國加州大學工學院研究所的教授，並以重力波研究獲得2017年諾貝爾物理學獎。他也曾擔任電影《星際效應》的科學顧問。

1990 年，人類首次觀測到距離地球約 6,000 光年的天鵝座 X-1 為黑洞之科學證據。

也發生了這樣的事！

霍金之後雖然又針對科學理論下了兩次賭注，但全部以賭輸收場。每一次霍金總是爽快承認自己賭輸，並依照約定奉上《棒球百科全書》以及賭金100 美元給對方。

與克服障礙的天才物理學家**史蒂芬·霍金**對話

霍金博士揭開了黑洞的祕密，為宇宙物理學開啟了新的篇章。雖然霍金博士因病痛纏身，必須以輪椅代步，還得靠著聲音合成器才能和人溝通，但這並未阻撓他的學術研究。接下來就讓我們來了解關於霍金博士的小祕密。

Q 博士，您曾因罹患疾病而感到挫折嗎？

↳ 我一點也不認為身體上的障礙是一種不幸，而且我要是和其他人抱持著同樣心態，那麼我就無法持續進行宇宙研究，也不能樂在其中了。

Q 您全身的肌肉都已經麻痺，那麼是如何說話寫字呢？

↳ 首先，在電腦畫面上執行顯示字母的程式，接著再啟動連結眼鏡與臉頰的感應開關，就可以透過觸動肌肉的方式來讀取。啟動開關時，眼鏡上的紅外線感應器會抓取臉頰感應開關的反應，然後傳送到電腦程式上，只要將移動器移到欲使用的單字上，就可以組成句子，最後再用聲音合成器把句子轉換成聲音即可。

Q 博士的輪椅是否也有特殊之處？

↳ 輪椅的底部與後端裝有電壓調整器、可接收眼鏡的紅外線感應器傳來信號的USB、依照電腦指令將字彙轉換成聲音的聲音合成器。

Q 黑洞是什麼呢？

↳ 恆星死亡以後，隨著星體爆發生成巨洞，也就是所謂的黑洞。黑洞具有吸引周圍物質的力量，不管是太空船還是光線或聲音，全都可以被吸入黑洞之中。

Q 為什麼您沒有獲得諾貝爾獎呢？

↳ 我最大的成就是「霍金輻射」理論，主張黑洞不只吸入物質，同時也會放射出輻射線，而這部分也已透過數學方式獲得驗證。只不過這套理論並非透過觀測或實驗所得到的結果，所以無法獲得諾貝爾獎，因為諾貝爾獎講求實驗得證。

霍金輻射理論

從黑洞發出的熱輻射

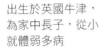 霍金的生平

1942

出生於英國牛津，為家中長子，從小就體弱多病

1952

進入聖奧爾本斯中學就讀，不過說話結結巴巴

1959

獲得獎學金就讀牛津大學，主修物理學

1962

進入劍橋大學研究所攻讀宇宙理論

全身僵硬麻痺，頭部歪向一邊，僅能靠著輪椅移動

確診罹患漸凍人症

1963

1978

獲得物理學界最高榮譽的愛因斯坦獎

1974

• 成為皇家學會最年輕院士
• 發表「霍金輻射」理論
• 與基普‧索恩就天鵝座X-1打賭

1966

完成劍橋大學研究所學業，取得博士學位

獲得劍橋大學授予物理學者的最高榮譽：盧卡斯數學教授席位

1980

1,000萬本

據說漸凍人活不過2年，但霍金博士罹患漸凍人症後，足足活了55年之久！

1985

動完肺炎手術後失去聲音，僅能夠靠著聲音合成器與人溝通

1988

發行解釋宇宙奧祕的科普書籍《時間簡史》

2009

獲得美國最高的平民榮譽：總統自由勳章

2018

76歲時，於劍橋自宅中離世

正祖（1752～1800）
其實是朝臣眼中的
髒話大王？

❤️ 💬 ✈️ 驚訝　10,958,039 個　　　　　　　　　　　🔖

正祖　#好君主 #反轉 #衝動 #髒話大王 #髒話IG
這沒禮貌的傢伙！看他最近這副模樣，果然露出本性了！

　　朝鮮第22代正祖大王是朝鮮的知名賢君，但他只要一遇到不如意的事情，就會情緒激動，動不動就對朝臣飆罵髒話。不過這樣的正祖大王，在和沈煥之往來的數百通密件中卻顯露出不同的面貌。沈煥之的地位猶如現在的在野黨黨首，正祖大王為了向他取得朝臣的資訊與治理國家之策，多次寄出信件，究竟他和沈煥之來往的信件內容為何呢？

正祖

昨晚還好嗎？

沈煥之

是的，殿下。不知您睡得好嗎？

正祖

我太生氣了，一直到凌晨才入眠。
金屢永* 這傢伙輕浮愚昧，輕重是非不分，金邁淳** 則是乳臭未乾，一點也不成氣候。他們竟膽敢耍嘴皮子！

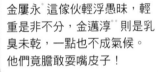

沈煥之

殿下，請息怒。

正祖

我們得套好招才行。會議時，我會處罰那幾個老論派臣子，愛卿你就假裝反對我的樣子，然後我會暫時罷你官位，之後再找時機讓你復職。

沈煥之

好的，那麼我就按照殿下囑咐去辦。

正祖

你果然甚懂我心，顆顆*** 。
對了，夫人身體是否好了一點？我會讓人送幾條人蔘根過去，你拿去做成藥材吧。

沈煥之

 聖恩浩蕩！

深層探究！

* 1799年金屢永為了請求正祖賜給過世的湖論首領更高官位，因而上書正祖。
** 而對該奏書提出猛烈批判的是年僅24歲的的學者金邁淳，後因此事導致湖論派與洛論派間的對立加劇，正祖為此大為光火。

也發生了這樣的事！

*** 正祖信中多有「可可」的文字表現，其原意為「呵呵」笑聲，等同現代用語的「顆顆」。即便是風趣的正祖，有時也會對沈煥之飆罵髒話，不過偶爾又會賞賜沈煥之食物和藥材。據說當正祖駕崩，沈煥之在遺體旁哭到淚乾腸斷。

誓言創立新朝鮮的**正祖改革政治**

　　正祖之父思悼世子是一個悲運人物，因捲入朋黨 之爭，而後被關在米櫃至死。知道父親這段悲慘歷史的正祖，雖然可以直接報復當初與父親死亡的相關朝臣，但他卻沒有這麼做，反而勵精圖治，重整國家諸多弊端，並且展開多項改革，誓言建立起百姓安居樂業的國家。

> 朋黨：指朝鮮時代士大夫所結成的利益集團，與今日的政黨相似

世宗與正祖的共同點

世宗

正祖

- 是位傾聽民意，並扶助弱者的明君

- 實施不分黨派，唯才是用的蕩平策

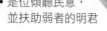

- 取消限制民眾只能在被稱為「市廛」的特殊市場裡做生意的「禁亂廛權」，讓所有百姓都能自由做生意

- 世宗成立「集賢殿」，正祖成立「奎章閣」等學術機關

- 廢止抓回潛逃奴隸的「推刷法」

- 為了建立起新政治，遷離老論派根據地漢陽，並在新都市水原建築水原華城

- 超級讀書狂

> 來買唷～剛摘的新鮮蘋果～

> 這裡商業真是發達！

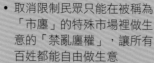

> 比林肯改革奴隸制度還早了60年！

> 水原華城是聯合國文教組織指定的世界文化遺產！

 **正祖的生平**

1752	1759	1776	1778	1781
思悼世子與惠慶宮洪氏膝下之子	冊封為王世孫	• 即位成為朝鮮第22代君主 • 設立奎章閣	廢止抓回潛逃奴隸的「推刷法」	實施「抄啟文臣」制度，將年輕官吏送至奎章閣重新進行教育

1800	1796	1793	1791	1785
49歲時因瘤疾與過勞而駕崩	• 水原華城完工 • 與沈煥之進行祕密書信往來	設置君王護衛隊壯勇營，並強化王權	廢止禁亂廛權	統合所有法律，並編纂《大典通編》

正祖的家族關係圖

靖嬪李氏

祖母 暎嬪李氏

祖父

英祖
朝鮮第21代君主

貞聖王后　　貞純王后

繼父

孝章世子（真宗）
（10歲時死亡）

1762年思悼世子一過世，英祖便將正祖過繼給長子孝章世子，並讓他繼承王位

父親

思悼世子
莊祖

母親

惠慶宮洪氏

思悼世子為什麼會被關在米櫃而死？

與思悼世子不合的老論派朝臣向英祖造謠思悼世子密謀造反，使得平時就看不慣思悼世子放蕩性格的英祖大為光火，一怒之下便將世子鎖進米櫃，結果思悼世子在被關進米櫃後的第8天過世。

宜嬪成氏

正祖
朝鮮第22代君主

夫人
綏嬪朴氏

長子
文孝世子
（5歲時感染麻疹而死）

二兒子

純祖
朝鮮第23代君主

淑善翁主

丁若鏞 （1762～1836）

射箭從未命中目標？

♥ ◯ ▽　加油　2,150 個

丁若鏞　#I♥正祖 #正祖♥me #奎章閣射箭大會 #武藝IG
拜託至少讓我射中一箭啊！超討厭斯巴達訓練！呼，還是讀書最簡單了。

　　丁若鏞是朝鮮第22代大君王正祖所寵愛的臣子。1791年，奎章閣的所有官吏們都參加了在昌德宮所舉行的射箭大會，可是丁若鏞一箭也沒有命中目標，成了最後一名，於是正祖將射箭成績差的丁若鏞與其他官吏們送到訓練都監，命他們每日射箭100發，等命中率達到每5發就中1發以後，方可離開。究竟丁若鏞能順利離開訓練都監嗎？

訓練都監：負責訓練都城守衛與軍人們的官廳

丁若鏞
殿下，殿下！♥

正祖
瞧你高興的。這不是我的愛卿嗎？今天射中幾發啦？

丁若鏞
我現在可是射箭達人了！射了5發就中3發呢！

正祖
太棒了！那麼現在你只要每天射完100箭，其他時間認真讀書就行了。

丁若鏞
那我什麼時候可以離開訓練都監？

得意

愛心～愛心～

正祖
等你完成10天訓練以後，就可以離開訓練都監了！如今你文武＊＊兼備，又六藝＊＊＊俱達，真讓朕感到欣慰！

丁若鏞
我只是沒露一手而已，只要我有心，什麼都辦得到。

正祖
給你個祝賀禮。

您收到了禮物。

射箭場
終生使用券

丁若鏞
可是我最喜歡的是書啊……。（嘟噥）

深層探究！

＊＊ 文武指的是兼備學問知識與軍事策略。在朝鮮時代，比起通過軍事指揮法等考試的武官，通過儒教經典知識選考的文官擁有更為優渥的待遇。

＊＊＊ 六藝指的是書生們必須具備的品德，分別是指禮節、音樂、箭術、騎馬、書藝、數學等。

結果如何呢？

正祖認為官吏們如果只重視學問，卻疏遠武藝的話，就沒有辦法帶領國家通往正道。本是文官的丁若鏞雖滿腹經綸，卻不擅長騎馬射箭，後來在正祖的特訓之下，騎馬射箭的實力大幅提升。

丁若鏞的成就星級評分

正祖

設計水原華城

▲ 水原華城長安門

☆☆☆☆☆ **朝鮮最棒建築家！**

委託丁若鏞來設計水原華城果然沒錯，他參考了中國建築技法與西洋科學技術來建造這座城，不只兼顧科學精神，外觀也好看，真的是太完美了！我果然很有福氣，能有這麼有能的臣子，呵呵！

百姓

發明舉重器

▲ 《華城城役儀軌》

☆☆☆☆☆ **舉重器讓工程時間變短了！**

舉重器是運用滑輪原理所製作而成的機器，可以幫助人們用最小的力量舉起大石，是一種很了不起的東西。託舉重器之福，原本長達10年的工程縮短到2年半了唷！

新任守令

編纂《牧民心書》

▲ 《牧民心書》

☆☆☆☆☆ **守令們的必讀書籍！**

《牧民心書》收錄了地方官需要遵守的德目與各項方針，從上任初日的出巡方法，到收稅方式、凶年對應之道等都有詳細記載，而我們照著書中指示來行政，也把百姓照顧得很好，真的很棒！

被捕入獄的前任守令

俐落的暗行御使

☆☆☆☆☆ **想到我的處境，多一顆星都嫌浪費。不過我認同他的責任感！**

在我管理漣川邑時，私吞了一點稅金，但沒想到很快地就被人抓到，連官位都丟了。當我看到暗行御使出現在我面前時，我就知道一切都完了。

丁若鏞的生平

1762

出生於現今的京畿道南楊州的馬峴，在家中排行第四

?

將10歲前寫的詩文集結成《三眉子集》

1783

- 通過小科（科舉初試），進入成均館*就讀
- 受到正祖的青睞，經常應正祖要求創作詩歌

成均館：朝鮮時代傳授儒學的機關

隨著正祖仙逝，開始遭逢各種磨難

成功通過科舉考試，隨後進入王室圖書館之奎章閣進行學術研究

1789

1800 **1794** **1792**

作為京畿道暗行御使，揭發各種弊案

製作舉重器，對水原華城的建造有卓越貢獻

1801

因篤信天主教，被流放到全羅道康津

流放期間，丁若鏞寫下包括《牧民心書》在內的500多本書籍。

1808 **1818** **1836**

- 遷居到山麓下的一個小亭子，並將那裡命名為「茶山草堂」
- 致力於茶山草堂教書、寫書（從這個時期開始，丁若鏞的稱號便定為「茶山」）

結束18年的流放生涯，重新返回故鄉

於75歲時辭世

米開朗基羅（1475～1564）

太過毒舌，
慘遭朋友打斷鼻骨？

❤ 💬 ▽ 難過　150個　　　　　　　　　　　　　　🔖

米開朗基羅　#毒舌 #男人間的打鬥 #打斷鼻骨 #歪鼻子
托里賈諾這傢伙！我不過是實話實說，居然把我的鼻子打成這副模樣，給我負起責任！

　　由於米開朗基羅經常出言不遜，所以在朋友之間的評價一直不是很好。他14歲時投身某雕刻家門下成為弟子，某一天當他正在練習臨摹教會壁畫時，他開口嘲笑朋友托里賈諾的作品，於是托里賈諾一氣之下便揮拳猛揍米開朗基羅的鼻子，而米開朗基羅之後一直未能好好治療，結果導致他終生歪鼻。究竟米開朗基羅是否能不在意外貌上的缺陷，勇敢地生活下去呢？

米開朗基羅

醫生，請你治好我的鼻子，你說我頂著這張臉要怎麼從事藝術嘛！

整形醫師

嘖嘖，你怎麼會把自己的臉弄成這樣？

米開朗基羅

你知道這個要幹嘛？你只要告訴我能不能動手術就好了，再不說我要生氣了！

整形醫師

嗯，鼻子都歪到一邊了。雖然鼻子整形是我的專長……。

米開朗基羅

那就快點訂好手術日期吧，快點！

整形醫師

我看你的性格也要改一下了，要不然朋友都要離你而去，最後你就只能孤獨終老。

米開朗基羅

誰要你多管閒事？氣死我了，你以為整形診所就只有你這家？哼！

米開朗基羅離開了聊天室。

結果如何呢？

托賈里諾把米開朗基羅的鼻子打歪以後，就逃往西班牙了。由於當時佛羅倫斯的最高掌權者——羅倫佐十分寵愛米開朗基羅，托賈里諾擔心自己會受到處分，便趕緊出逃西班牙。米開朗基羅因為鼻子被打歪之故，終生因為自己的外貌而有自卑感，也因此孑然一身。但相反地，這也讓他傾注熱情創作出關於美麗人體的雕像與繪畫。

也發生了這樣的事！

當米開朗基羅正在繪製聖堂天井畫時，教皇儒略二世詢問他何時完工，結果米開朗基羅沒好氣地回他：「總有一天會完工！」
耐不住性子的教皇在作品大約完成一半之際再度來到現場，當他看到眼前才完成一半的畫作竟如此美麗，驚訝地連嘴巴都闔不起來。

米開朗基羅的成就 星級評分

雕刻家

《大衛像》

★★★★★ 以大理石創作出生命！

那堆被雕刻家們放棄並棄置了約50年之久的大理石塊，在他的巧手之下，蛻變成美麗的人像，這點真是讓人驚訝！向來重視人物內在表現的他，其作品對現代影響重大。

李奧納多・達文西

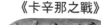

《卡辛那之戰》

★★★★★ 就解剖學來說十分完美！

當時我和米開朗基羅在佛羅倫斯舊宮進行壁畫對決，雖然我們都沒能完成作品，但米開朗基羅的所畫的戰鬥場面就解剖學來說十分傑出，同時也栩栩如生！

歌德

《創世紀》

★★★★★ 將重心放在「人」而非「神」，打造嶄新價值觀

在長41m、寬13m的天花板上，居然能夠描繪出數百名不同表情的人像！他把神畫成和人類一樣的面貌，同時又果敢地表現出多樣表情，這種發想實在讓人讚嘆不已！

助手

壁畫

★★★★★ 對藝術的熱情無人可比！

老師他一直毫不停息地進行創作，甚至還會穿著方便他馬上進行創作的工作服和雨鞋入睡。天花板壁畫的工程不僅會讓脖子痠痛，顏料也會掉入眼睛，儘管如此，老師他還是堅持到最後完成作品。

米開朗基羅的生平

在這段期間，遊歷參觀
各處的雕像，並對雕刻
產生了興趣
…

1475 — **1481** — **1488** — **1489**

出生於義大利
佛羅倫斯附近的
卡普雷塞

進入文法學校就讀，
不顧父親反對，醉心
於繪畫之中

拜師佛羅倫斯知名畫
家基爾蘭達約門下

拜師雕刻家
貝爾托爾多

6歲時母親離世，由身為石匠
妻子的保母撫養長大，從小
雕刻用的鑿子和錘子不離手

成為佛羅倫斯最高掌權者
羅倫佐的養子，並正式
接受藝術課程

1490

1504 — **1499** — **1492**

• 以《大衛像》奠
立雕刻家的地位
• 與達文西進行壁
畫對決

雕塑《聖殤》
廣獲好評

• 此時創作了浮雕《樓梯上的聖
母》、《半人馬之戰》
• 於修道院的大體室研究解剖學

花了4年時間完成
西斯汀教堂天頂
壁畫《創世紀》

1512

1534~1541

完成西斯汀教堂的
《最後的審判》壁畫

米開朗基羅雖是個雕刻家，
但由於他完成了500㎡的
《創世紀》壁畫巨作，
所以也被眾人視為傑出畫家。

1545 — **1547** — **1564**

完成教皇儒略二世
墓飾

接下聖多伯祿大殿的
工程，為聖多伯祿大
殿設計了圓頂

89歲時辭世。因此費時10年
創作的《隆達尼尼聖殤》雕
塑最終未能完成

諾貝爾（1833～1896）

因為發明而痛失弟弟？

難過　281,439 個

諾貝爾　#發明炸藥 #液體炸藥 #工廠爆炸事故 #哀悼弟弟 #自責
艾彌爾，我親愛的弟弟！我不知道我發明的炸藥居然會奪走你的生命，嗚嗚！

　　諾貝爾不只是發明炸藥的化學家，同時也是諾貝爾獎的創立者。1863年，諾貝爾歷經長久實驗之後，終於成功利用硝化甘油製作出液體炸藥，而這種液體炸藥的爆發力又比既有的炸藥強大。

　　在這種新型炸藥投入工業使用以後，某日工廠發生了大爆炸事故，奪走了諾貝爾當時正在工廠幫忙的弟弟艾彌爾以及數名職員的性命。極度傷心的諾貝爾會繼續進行炸藥的研發嗎？

吱吱喳喳～後續發展

礦產事業家修米特
諾貝爾，這次的爆炸事件我深感遺憾。不過，你不打算繼續製造炸藥了嗎？

諾貝爾
我也不知道。我只知道大家都說我是瘋狂科學家。

嗚嗚

礦產事業家修米特
我現在已經準備好資金了，只要你回心轉意，我們就可以馬上建造工廠。

諾貝爾
政府已經下令禁止住宅區域建造工廠了。倒是不曉得郊區湖水上頭*是否可行……我想大概沒希望吧。

礦產事業家修米特
湖水上頭啊……喔，這想法很新鮮呢。如果是在湖水上頭試爆的話，那麼就算失敗，也不會對周圍造成影響。

GOOD

諾貝爾
那麼我就試試看吧，總之我一定會特別留意，小心安全**的。

礦產事業家修米特
祝你成功！

深層探究！

* 為了進行實驗，諾貝爾駕駛船隻到梅拉倫湖中進行試炸，可是每次只要遇到風吹，船隻就會搖晃不停，最後只好買下梅拉倫湖邊的土地，在那裡建立了一座巨大工廠。

** 儘管諾貝爾非常注重安全，液體炸藥依舊在各地頻傳事故，有許多人因此喪命或受傷，為此，諾貝爾的公司飽受外界批判。

結果如何呢？

原本諾貝爾是想利用硝化甘油製作較為安全的炸藥，不過他在研發途中發現只要混和矽藻土，就能製作成固體炸藥，而這樣製作出來的炸藥就是後來的矽藻土炸藥。在那之後，矽藻土炸藥被廣泛運用在工地現場，或是鐵路與公路建設等用途。

旨在促進人類和平與幸福的**諾貝爾獎**

　　諾貝爾對於自己發明的炸藥竟意外地使用在戰場上感到憂心，於是將全部財產捐出，期望能為人類做出貢獻。諾貝爾獎便以他的遺產作為基金，並且從1901年起頒發獎項給各領域傑出人物，如今已是公認世界最高榮譽之獎項。

❓ 諾貝爾獎頒發的獎項領域？

物理學獎

化學獎

生理・醫學獎

文學獎

經濟學獎

和平獎

❓ 如何選出諾貝爾獎得獎者？

至前一年8月	選出約2000～3000名得獎候選者推薦人
至當年度1月	收取推薦人寄送的推薦書，從中挑選約200名候選人
至當年度3月1日	諾貝爾委員會篩選出約20～30名候選人
至當年度5月31日	委外聘請專家進行嚴格評選
當年度10月	由諾貝爾獎得獎者以多數決的方式進行最終票選
12月10日	諾貝爾獎頒獎典禮

❓ 為什麼沒有諾貝爾數學獎？

推測1　諾貝爾與當代知名數學家米泰萊弗勒互為冤家，他擔心要是設了數學獎，很有可能會被米泰萊弗勒奪下獎項，所以故意不設立數學獎。

推測2　諾貝爾對數學並沒有任何興趣。由於數學是以理論為主的學問，後人推測諾貝爾認為這樣的學問無法對人類福祉有實質上的貢獻，所以不設立數學獎。

　　韓國的前總統金大中因促進南北韓統一，於2000年獲得諾貝爾和平獎。
　　諾貝爾獎得獎者可獲得800萬克朗（參考2020年5月之幣值約為2400萬台幣），以及一面金牌與獎章。

 **諾貝爾的生平**

最小的弟弟艾彌爾出生

1833 ～～ **1842** ～～ **1843** ～～ **1855**

出生於瑞典
斯德哥爾摩

跟著在俄羅斯製作武器
的父親移居俄羅斯

在父親的武器
工廠工作

俄國與聯軍之間的克里米亞
戰爭結束之後，父親的工廠
便關門大吉

1859

1866 ～～ **1864** ～～ **1863**

發明矽藻土炸藥

因爆炸事故失去弟弟

發明調和硝化甘油的
液體炸藥

1875 發明出爆炸威力比矽藻體炸藥
更加強大的葛里炸藥

1887 發明世界最初爆發
時不會冒出煙霧
的炸藥

炸藥
專利王

諾貝爾一輩子單身，
奉獻所有熱情研究炸藥。
他也是擁有超過350個
專利權的發明家。

1895 ～～ **1896** ～～ **1901**

立下遺言，捐出全財產作為
諾貝爾獎基金，以表揚對於
人類福祉有實質貢獻者

於義大利聖雷莫別墅過
世，享年63歲

第1屆諾貝爾獎頒
獎典禮

韓德爾（1685～1759）

把歌手拋到窗外？

忍耐　11,282 個

韓德爾　#明星歌手庫佐妮 #彩排 #拒絕即興表演 #發抖
我明明就警告過妳，要是敢再隨便亂唱，我就要把妳丟出窗外，庫佐妮！

　　韓德爾是個創作無數美妙樂曲的音樂家，但其性格激烈，可不像他創作的樂曲那般美好。1721年，某天他在英國為自己創作的歌劇進行彩排，女高音歌手庫佐妮並未按照他的樂譜演唱，而是隨興唱出歌曲，引起韓德爾的不悅，並厲聲警告她「妳膽敢再隨便亂唱，我就把妳丟出窗外！」但庫佐妮依舊故我，並沒有完全按照樂譜演唱。韓德爾盛怒之下，一把抓起庫佐妮來到窗邊，究竟庫佐妮的下場如何呢？

吱吱喳喳～後續發展

 我的愛 伯多妮
大消息！你聽說了嗎？

 伯多妮美若天仙
什麼消息？

 我的愛 伯多妮
聽說皇音樂家協會的領導人韓德爾，想把那個高高在上的庫佐妮丟出窗外。

 伯多妮美若天仙
韓德爾這人性子也真夠大。所以，他真的把庫佐妮丟出窗外了？

 我的愛 伯多妮
差點就丟出去了。聽說周邊的團員急忙攔阻。

 伯多妮美若天仙
哈哈，那麼庫佐妮肯定嚇死了。

 我的愛 伯多妮
結果那天她就乖乖地按照韓德爾的指示來演唱了，呵呵！

伯多妮美若天仙
庫佐妮的不幸就是我們伯多妮的幸福！

庫佐妮　伯多妮

也發生了這樣的事！

庫佐妮與伯多妮互為當代女歌手最強敵手，兩人的歌迷也會在對方演唱時報以噓聲，彼此總是互相叫陣。1727年，庫佐妮與伯多妮在一場歌劇公演上展開了亂鬥，就連觀眾席上的兩派歌迷也都打了起來，結果英國歌劇公演就因此事件而無限期中止。

結果如何呢？

韓德爾因為庫佐妮與伯多妮兩人的關係，壓力一直很大，因為從兩人唱歌的時間到戲份比重，甚至小到音符數量都得一致，否則兩人就要折騰他好一陣子。之後由於專為貴族表演的義大利歌劇沒落，使得韓德爾債務上身，讓他相當心煩，所幸他配合時代潮流所譜寫的宗教合唱曲《彌賽亞》大受好評，讓他重新獲得名聲。

宗教音樂中的最高傑作 《彌賽亞》

《彌賽亞》是韓德爾作品之中最為出名的曲目，也是每當聖誕節與年底在全世界最廣為人演奏的作品。《彌賽亞》全作共有53曲，演奏時間超過2小時，但韓德爾卻只花了24天就完成這部作品，實在讓人驚訝不已。

作曲家的話　我是拿到英國詩人查爾斯・詹南斯根據聖書和祈禱文所寫的劇本以後，才開始進行作曲的。由於那時是我過得最辛苦的時候，所以我在這首曲子上賭上了一切，全力投入創作，廢寢忘食。在寫到「哈雷路亞」合唱部分時，我甚至看到真神降臨在我眼前。

★★★★★ **貝多芬**

當我聽到《彌賽亞》的那瞬間，我忍不住屈膝在音樂的偉大之下。

★★★★★ **莫札特**

韓德爾只要玩真的，就必定震撼眾人。你瞧瞧他只花了不到一個月的時間，就能創作出這部傑作，真是厲害。我把這套歌劇重新編曲，好符合我這個時代的潮流。

★★★★★ **海頓**

當我聽到「哈雷路亞」時，眼淚忍不住滑落我的雙頰。韓德爾不愧是音樂巨擘，我也從他這部作品中獲得靈感，創作出了我的代表曲《創世紀》。

★★★★☆ **英國國王喬治二世**

當「哈雷路亞」奏起，我忍不住激動地從座席起身，其他觀眾也紛紛站起來聆聽。我聽說在《彌賽亞》公演時，只要一演奏到「哈雷路亞」的部分，全體觀眾都會起身的傳統因我而來，哈哈。

韓德爾被稱為「音樂之母」的理由

韓德爾與巴哈兩人是引領奠定近代音樂基礎之巴洛克音樂*的核心人物，而這兩位巨匠也分別被稱為「音樂之母」與「音樂之父」，這是因為韓德爾的音樂特色有如母親懷抱般纖細而溫柔，巴哈的音樂特色則是威嚴不失精巧，曲風穩重。

***巴洛克音樂：**從16世紀末到18世紀間，流行於歐洲的藝術音樂

同年，巴哈於德國出生
…

1685

出生在德國名為哈雷的小村莊裡，小時候就嶄露出過人的音樂才華

1702

由於父親反對韓德爾學習音樂，在父親過世之後，韓德爾便依照父親遺言進入哈雷大學法學院就讀，但沒多久就辦理休學

1703

前往德國音樂中心漢堡，在那裡結識了許多音樂家

1705

創作第一部歌劇《阿蜜拉》，獲得絕大好評

首部歌劇

1706

前往歐洲歌劇中心義大利，並在當地學習歌劇作曲

1710

返回德國，於漢諾威擔任宮廷樂長

想觀賞《里那爾多》的人從全國各地蜂擁而至，不絕的安可聲讓劇場直到天亮都無法關門。從此之後多了禁止安可的規則。

禁止安可

1728

關閉皇家音樂協會，同時因義大利歌劇之沒落而債務上身

1719

出任皇家音樂協會負責人

1711

前往英國，並藉歌劇《里那爾多》成功打響名號

1737

52歲時由於壓力過大而罹患中風，所幸後來克服病痛

1741

發表作品《彌賽亞》，翌年的公演大獲好評，重新恢復其名聲

是那個幫巴哈動手術，結果使得他失去視力的醫生。

巴哈

1749

為了慶賀英國與法國簽訂和平條約，創作了《皇家煙火》

1751

受白內障所苦而決定開刀，然而執行手術的醫生能力不足，使得他在手術後失去視力

1759

74歲時離世，去世後葬於西敏寺

海明威（1899～1961）

在戰場上恣意妄為，還做出危險行動？

啪嚓　啪嚓　轟隆

♥ ○ ▽　危險　18,944,511 個　🔖

海明威　#第二次世界大戰 #戰地記者 #我是不死鳥 #歡迎炮擊
我從5歲起就開始玩軍人遊戲了！經歷過這麼多戰場，我才不害怕這種程度的炮擊呢！

　　美國知名小說家海明威曾是活躍於戰場上的戰地記者，但是由於他莽撞的行為，總是把周邊的人嚇出一身冷汗來。作為一名戰地記者，並不能直接參與戰爭，但海明威卻會拿著武器與敵人起衝突，又或者是在敵人的炮彈來襲時，不立刻像其他軍人一樣趴下尋求掩護，反而是抬頭挺胸東奔西跑，每每都讓人緊張不已。究竟海明威還有哪些行動讓大家心驚膽跳呢？

吱吱喳喳～後續發展

海明威
忠誠！我是要和小隊長您率領之部隊同行到諾曼第登陸作戰[*]的記者海明威。

小隊長
久仰大名。這是一場非常重要的作戰，您確定能夠好好跟著我們進行採訪嗎？

海明威
這是史上最大的陸海空三軍聯合作戰，除了我還有誰能進行採訪呢？

小隊長
您的意志的確是很強大……。

海明威
報告小隊長，我們部隊一定要率先踏上諾曼第海岸！我一定要搶先報導那歷史上的一刻！

小隊長
要聽從指揮官的命令，不是我說怎樣就可以的。

海明威
小隊長，您就想想辦法嘛！好嗎？好啦！

小隊長
你果然如傳聞中一樣固執耶！我很忙，不理你了！

一溜煙

深層探究！

[*] 第二次世界大戰是 1939 年到 1945 年間，由德國、義大利、日本等軸心國與英國、法國、美國等同盟國之間展開的大規模戰爭。同盟國取得第二次世界大戰勝利的決定性關鍵，就是成功突襲由德國佔領的法國諾曼第海岸，史稱此為「諾曼第登陸」。

結果如何呢？

海明威曾經歷過第一次世界大戰、西班牙內戰、第二次世界大戰，對向來秉持原則只寫事實的海明威來說，戰爭正好是他寫作的最佳素材。在他的作品當中，《戰地春夢》與《戰地鐘聲》等作完整地寫出戰爭的殘酷無情，被後世認為是象徵反戰的小說。

海明威的成就 星級評分

文學評論家

文章的革命家

★★★★★ 「冷酷無情」的寫作名家！

記者出身的海明威，其寫作口吻平淡簡潔，總是能夠用簡單的字彙和節制的表現感動人心。聽說他是個寫作狂，站在車廂內敲著打字機創作是常有的事。

「La Terraza」老闆

《老人與海》的背景

★★★★★ 觀光客熙熙攘攘！

在諾貝爾獎得獎作《老人與海》中出現的咖啡廳就是這裡！託這部小說之福，許多觀光客都來造訪我們咖啡廳，我們科希瑪海岸這邊的村民們都很感謝海明威先生呢。

美國人

「爸爸」海明威

★★★★★ 我們的偶像，永遠的爸爸！

海明威外表俊俏，又有著精實的體格，同時還熱愛打獵與拳擊等激烈運動，被美國人視為男性的偶像，大家給他取了個意思為爸爸的暱稱「PAPA」。

和海明威相像的人

「海明威之日」祭典

★★★★★ 很榮幸長得跟您相像！

海明威曾在佛羅里達的基韋斯特居住過10年之久，當地每年在海明威誕辰之日都會舉辦「神似海明威選拔大會」，吸引來自全國各地留著白鬍子的男性前來參加。

海明威的生平

1899

出生於伊利諾州的奧克帕克。其父為醫生，母親為聲樂家

1917

高中畢業以後，進入地方報社擔任記者，也奠下了其寫作風格之基礎

1918

以救護車駕駛兵的身分參加第一次世界大戰，並獲得勳章表揚

1919

返國後隨即移居加拿大，並成為記者

1926

創作第一部長篇小說《太陽依舊升起》，一躍成為人氣作家

1929

發表《戰地春夢》

也翻拍成電影

1940

發表以西班牙內戰為背景的小說《戰地鐘聲》

1936~1938

成為戰地記者，報導了西班牙內戰

1934

沉迷於海釣，日後成為小說《老人與海》的素材

1944

參加第二次世界大戰，並報導了諾曼第登陸

1952

發表《老人與海》，翌年獲得普立茲小說獎

1954

憑藉《老人與海》獲得諾貝爾文學獎，但因遭逢飛機事故，無法出席頒獎典禮

1959

因健康惡化而住院，但也因電擊療法的副作用導致記憶喪失

1961

飽受憂鬱與不安症之苦，最後以自殺方式結束生命

我行我素不受控！

達利（1904～1989）

穿著潛水裝出現在展示會場？

♥ ○ ▽ 好閃 998,235 個 🔖

達利 #超現實主義者 #展覽會 #潛水服 #吸睛 #窒息邊緣
只要能吸引眾人目光，不管什麼事情我都會做！平凡才不是我的風格！

　　風格獨樹一幟的天才畫家達利，總是以他那異想天開的行動讓眾人驚訝不已。1936年6月的倫敦國際超現實主義展覽中，正當眾人等候達利的演講時，卻突然被他的舉動嚇到嘴巴都闔不起來，原來達利穿著一套巨大又不透氣的潛水服現身會場。由於他戴著頭盔說話，聽眾們根本無法聽清楚他在說什麼，之後達利甚至因為缺氧而差點窒息而死。到底達利為什麼要做出這些怪異的行為呢？

咦吱喳喳～後續發展

神奇TV驚報製作人
達利先生，您好嗎？我是「神奇 TV 驚報」的製作人。

達利
嗨，很高興收到您的訊息！
我的人生本身就是個驚奇囉。

神奇TV驚報製作人
請問您為什麼要在國際超現實主義展覽上穿著潛水服呢？

達利
啊，您說那個呀！那是讓我們一起潛入無意識世界裡的意思。

神奇TV驚報製作人
原來是這麼深層的意思啊。
對了，我們想跟拍達利先生的日常生活，是否方便呢？

達利
當然可以呀。我接下來打算要和食蟻獸一起去散步，還打算噴灑用山羊糞和魚油製成的香水，到時候再拜託你們拍成有趣的影片囉。

神奇TV驚報製作人
啊……哈哈！這剛好很適合我們節目啦！

收視率保證！

深層探究！

包括達利在內的超現實主義者們，總是對人類的無意識、幻想、夢境等抱持著相當大的興趣，他們也對局限在框架內感到厭煩。像達利那樣的嶄新靈感和獨特的表現方式，對習慣一般日常的普通人而言，是個新鮮的文化衝擊，同時也顛覆了 20 世紀的藝術潮流。

也發生了這樣的事！

達利在 1969 年造訪巴黎時，曾像牽狗一樣用繩子綁住兩隻食蟻獸，並帶著牠們上街散步，引起很大的話題。他還留了兩道長長的鬍子，後來也成了他的象徵，據說他是以蜂蜜塗抹他的鬍子，好讓鬍子固定住。

荒誕的超現實主義藝術家

達利喜歡探究人類的無意識狀態，並擅長於表現出夢境與幻象的模樣，他不只是位畫家，同時還對雕刻、裝置藝術、電影劇本、舞會編排有所涉獵。另外也活躍於服裝、寶石、家具設計之領域，可說是個天才藝術家。

達利的知名作品

《記憶的永恆》，1931年

是一幅黎明時的景色，深處有大海，右側則有岩石般的物體，畫面中有數個軟化的鐘錶。據達利本人所言，此畫靈感來自卡門培爾乳酪，以表現出冰冷堅硬的鐘錶柔滑地流向圖畫之中的感覺。這幅作品的最大特色就在於陌生物品沒入我們習以為常的風景之中，兩相對比的景象凸顯出其怪異之處。

《龍蝦電話》，1936年

此作品是在黑色撥盤式電話上擺了一隻龍蝦。電話是我們生活中常見的物品，但是達利卻把龍蝦放到電話上頭，使得電話不再是常見的模樣。這個作品展現出所有物品都可以成為藝術素材之嶄新思考。

異想天開的可不只有我的行動，還有我的作品！對啦，你應該是第一次看到會流動的鐘錶吧？

設計「加倍佳」棒棒糖商標者正是達利本人。據說當時加倍佳的社長是達利的朋友，正煩惱著商標設計，同席的達利一聽到，便火速地拿起餐巾紙畫出草圖，要朋友把圖案做成商標印製在包裝紙上面。

▲ 達利劇場博物館

這座博物館位在達利的故鄉，也就是西班牙加泰隆尼亞地方的菲格雷斯，館內展示達利的繪畫、雕刻、金屬工藝、家具等逾1,400多件作品。而達利在國際超現實主義展覽會穿著現身的潛水服，則是展示在陽台上。

 **達利的生平**

就讀聖費南度皇家美術學校，並在這時與電影導演路易斯‧布紐爾、詩人加西亞‧羅卡結識

1904
出生於西班牙加泰隆尼亞地方的菲格雷斯

1914
進入私立美術學校學習繪畫，並獲無數大獎

1920
於菲格雷斯市立劇場博物館舉辦首度展示會並大受好評

1921

於達茂畫廊舉辦首度個展　**1925**

卡拉陪伴我一生，給了我無盡的靈感。

• 與路易斯‧布紐爾合作電影
• 在超現實主義藝術家聚會中邂逅天命真女卡拉

1929

1938
於倫敦為精神分析學家佛洛伊德繪製自畫像

1936
穿著潛水服現身倫敦國際超現實主義展覽會場

1931
完成《記憶的永恆》

1941
於紐約現代美術館與西班牙畫家胡安‧米羅舉辦聯合畫展

達利　胡安‧米羅

1942
出版自傳《我的祕密生活》

1945
為希區考克執導的電影《意亂情迷》設計噩夢場景

1974
由達利本人構想的「達利劇場博物館」於菲格雷斯開幕

1982
沉浸於卡拉離世的哀傷，就此封筆不再創作

1989
85歲時離世，永眠於達利劇場博物館

轉禍為福

海頓（1732～1809）

讓演出中的交響樂團樂手退場？

♥ ◯ ◁ 喜歡 1,280 個   ▢

海頓　#渴望休假 #退場作戰 #祈願成功 #音樂IG
終於到了決戰之日！一如計畫，全員退場只留下3人。好緊張，親王的表情不太好。

　　海頓在尼可拉斯・埃斯特哈齊親王家族擔任專屬樂長時期，曾發生過這麼一件事。1772年，親王一直不讓樂團成員們休假，每個團員都疲累不堪，海頓雖了解樂手們的心情，卻也難以和地位高的親王開口。

　　最後在海頓窮思良久，終於想到了一個方法，那就是先和樂手們約定好，在最後一個章節演奏完自己負責的部分後就逐一退下場，以展現出想休假的心情。究竟親王看到這光景時的反應如何呢？

 吱吱喳喳～後續發展

埃斯特哈齊親王
海頓？

海頓
是的，親王！

埃斯特哈齊親王
樂手們已經多久沒回家探望
家人了？

海頓
已經超過8個月了。

埃斯特哈齊親王
已經那麼久了啊？嗯……看來
我操累樂手們太久了。那麼就
立刻讓他們休假回家吧！

海頓
真的嗎？親王萬歲，萬萬歲！

 手舞 足蹈～

埃斯特哈齊親王
既然大家都用交響曲表現出
想休假的心情了……我也真
是服了你的才智，呵呵！

海頓
能夠一眼看出這小心思的親
王才是真的了不起！

深層探究！

熱愛音樂的埃斯特哈齊親王，建立了一座內有歌劇劇場與人偶劇場的豪華宮殿，並且經常前去觀賞樂團成員們的演出。據說在《告別》交響曲誕生的1772年，當時樂手們已有8個月之久無法返回本宮，你能想像樂手們這麼長時間都看不到自己家人的思念之苦嗎？

結果如何呢？

作戰成功！據說團員在演奏完這首打動親王的交響曲以後，向聽眾行告謝之禮便隨即離場，所以這首樂曲的名稱便被稱為《告別》。《告別》交響曲的曲調與多數交響曲不同，呈現出傷感抑鬱的感覺。

創意音樂家獎

姓名：法蘭茲・約瑟夫・海頓

　　上述人員創作了無數作品，包括超過100首的交響曲[*]，以及約70首的弦樂四重奏[**]，被人稱為「交響曲之父」、「弦樂四重奏之父」。不只如此，他的作品還有鋼琴奏鳴曲、社交音樂、協奏曲、歌劇與神劇[***] 等各種不同領域的樂曲，數量相當龐大。有鑑於他的豐富靈感與勤勉創作為後世留下良好榜樣，特此頒發獎項。

○○○○年○月○日

熱愛音樂的孩子們

[*] 交響曲：以管弦樂進行演奏的大規模樂曲。以海頓為始，歷經莫札特與貝多芬等音樂家的努力，為交響曲奠立了強大的基礎
[**] 弦樂四重奏曲：以兩架小提琴與大提琴、中提琴合奏的樂曲
[***] 神劇：以歌劇、合唱、合奏等各種樂曲要素來呈現聖經故事的宗教音樂，其中又以韓德爾的《彌賽亞》最具代表性

啪啪

海頓的生平

1732
出生於奧地利的
一座小鄉村，
為家中次子

1738
看出海頓音樂天
賦的雙親，在他
6歲時便將他送去
接受音樂訓練

1740
成為維也納史蒂芬
大教堂兒童合唱團
的團員

1749
因進入變聲期
而退出兒童合唱團，
並過著清貧的生活

擔任莫爾金公爵的樂長，
並創作第一首交響曲
1759

1784
首次與莫札特會面，
並開始音樂交流

1772
創作第45號交響
曲《告別》

1766
由於樂長過世，
海頓升格為樂長

1761
擔任埃斯特哈齊
親王家的副樂長

1791
創作第94號交 … 據說演奏途中突然大聲打擊定
響曲《驚愕》　 音鼓，以喚醒睡著的觀眾

1792
短暫指導過
貝多芬

1798
神劇《創世紀》
首度公演

1801
完成神劇《四季》

1809
於77歲時離世

柳一韓（1895～1971）

在送貨途中撞到建築物？

♥ ◯ ◁　難過　1,628,992個　🔖

柳一韓　#美國 #販賣豆芽菜 #撞翻貨車 #交通事故
唉呀，車上載了裝滿豆芽菜的玻璃瓶，卻在行駛途中撞到建築物都打翻了！可惜了豆芽菜……。

　　柳一韓在美國經銷豆芽菜，專門提供給中國人製作包子使用。他深知美國人雖喜歡中式包子，但不喜歡材料看起來雜亂不清潔的樣子，所以將豆芽菜裝進透明玻璃瓶中販售。由於包裝過後的模樣清爽潔淨，所以他的生意也蒸蒸日上。只是豆芽菜放個兩天就會萎掉，讓柳一韓為了保存方法而苦惱不已。這天他開著載滿豆芽菜的貨車，途中居然撞到建物，難道他的豆芽菜生意就這麼搞砸了嗎？

食品材料行老闆
我要訂100瓶豆芽菜。啊，不，我要訂300瓶！你出車禍後，上門來買豆芽菜的客人突然變多了。

柳一韓
看來這可是多虧各家媒體搶著報導車禍之福，哈哈！

食品材料行老闆
甚至還有「愛吃肉的美國人應該多吃豆芽菜！」的報導。這車禍的廣告效果*還真是驚人啊！

柳一韓
對呀，真是不幸中的大幸。

食品材料行老闆
不過你可別在載運我們家貨物時出車禍呀！別說車禍了，平常光是易碎的玻璃瓶就夠我們困擾了。

柳一韓
別擔心，我會小心送貨給您的。說到這個，我最近正好在研究豆芽菜罐頭，以後還請您多多關照！

出發送貨！

深層探究！

*當時蜂擁而至車禍現場的記者們，不知為何對翻倒在地上的豆芽菜大感興趣，於是在新聞中大肆報導了關於豆芽菜的消息：「裝滿豆芽菜的貨車顛覆。原來豆芽菜是中國料理的必備食材！」也就是從那時起，豆芽菜的生意開始一飛沖天。

結果如何呢？

幾經研究之下，柳一韓終於成就研究出豆芽菜罐頭，並藉此成為百萬富翁。不過，與柳一韓相隔20年才見到面的父親卻對他這麼說：「我又不是把你送去美國賣豆芽菜的，給我找些有意義的事情做！」受此打擊的柳一韓於是在1926年重返韓國，並開展了製藥企業，致力守護同胞的健康。

柳一韓的成就星級評分

奇異公司職員

⭐⭐⭐⭐☆ **祖國大於個人成功的愛國者**

我們公司第一個擔任會計的東方人就是柳一韓，不過他說為了祖國事業必須籌措大筆資金，就提了辭呈並離開我們公司。看到他為了幫助祖國而選擇未知的人生道路，那份愛國心真叫人感動。

獨立運動家徐載弼博士

⭐⭐⭐⭐⭐ **福蔭同胞者**

我們是在美國舉辦的韓國人自由大會中相識的。當他返回祖國時，我送了一個柳木雕刻，希望他能像柳樹一樣成長茂盛，澤被同胞，日後柳韓洋行的商標也畫上了柳樹。

柳韓工業高等學校畢業生

⭐⭐⭐⭐⭐ **為教育和公益事業犧牲奉獻**

柳一韓先生創立了柳韓工業高等學校，讓貧苦的學生也有學習的機會。託他的福，我也成為了一名企業家，將來我必會繼承柳一韓先生的遺志，帶領我們企業造福社會。

稅務士

⭐⭐⭐⭐☆ **財務透明且誠實納稅**

1967年，國稅廳針對各企業進行稅務調查，大部分企業都因為逃漏稅而得到懲處，不過柳韓洋行連1塊錢的稅金也沒漏繳，被認定為模範納稅企業。

 柳一韓的生平

往美國

在美國內布拉斯加州一個提供食宿的家庭裡幫傭，以籌措學費上大學。

1895
出生於平安南道的平壤市，為6男3女中的長男

1904
10歲時，隨著獨立運動家朴容萬到美國留學

1916
進入密西根州立大學就讀商學院

1919
參加在費城舉辦的韓國人自由大會，也就是獨立宣言大會

大學畢業後，進入奇異公司擔任會計

1920

1942
擔任美國戰略情報局在韓顧問

1926
關閉食品公司並返回祖國，隨後設立製藥公司「柳韓洋行」

1925
與美籍中裔小兒科醫生胡美利結婚

1922
創立食品公司「La Choy Co.」，並生產豆芽菜罐頭

1964 創立柳韓工業高等學校

1968
被認定為模範納稅企業，獲得銅塔產業勳章

根據我的遺言，一共捐出了時值407億韓元的財產。

1969
將柳韓洋行的經營權交接給專業經理人

1970
創立韓國社會暨教育援助信託基金（即現在的柳韓財團）

1971
77歲時離世，過世前留下遺言指示將財產全部捐出

方定煥（1899～1931）

對褲子做出失禮的事情？

因為這樣，那孩子～

❤️ 💬 ✈️　㤠㤠　9,265,381 個

方定煥　#故事大王 #人氣爆發 #膀胱也快要爆發 #廁所在哪裡？
不好了，我快尿出來了，可是故事還沒講完！老天爺啊，拜託給我忍住不尿出來的力量。

　　兒童之友方定煥是個出名的故事大王，不管男女老少，甚至是日本巡查，總是被方定煥說的故事牽動情緒，跟著情節又哭又笑。有一天，許多觀眾一如往常來聽方定煥說故事，可是他才說到一半，突然尿意襲來，只好咬牙忍耐。好不容易把故事講完，方定煥急著穿越人海，只想趕快找到廁所求個解放，此刻卻突然有位夫人擋住他的去路，向他的表演致意，急著去上廁所的方定煥結果如何呢？

德哲的媽
唉呀，大師，聽說我擋住您的去路，害您對褲子做出失禮*的事情了？

小波 方定煥
呃……您怎麼知道呢？

德哲的媽
我們家孩子說他看到了方咚咚***大師的褲子溼答答的。不要緊的，我們家德哲也是聽到大師您的故事以後，笑得無法自拔，結果也對腳上的膠鞋做出失禮的事情來。

小波方定煥
我還得保有這張面子呢，噓！請您幫我保密。

 噓！

德哲的媽
別擔心，我就只跟小純的媽媽講過這件事而已。啊，我也跟萬秀媽媽講過了。對了，謝謝大師您給剛故事裡那個可憐的孩子一個完美的結局。

小波方定煥
那個……原本結局就是那樣啦……。

 啊

深層探究！

* 當方定煥抵達廁所時，已經尿了滿褲子都是。
** 「小波」意指小小波浪。方定煥相信孩子心中的漣漪日後必成大大的浪潮，故此取小波為號。
*** 孩子們都很喜歡方定煥，暱稱他為「方咚咚」。

也發生了這樣的事！

只要是約定好講故事的日子，那怕當天身體有不適，方定煥也必定依約到場講故事給大家聽。有一天，他在講台上突然流出鼻血，可是拿衛生紙塞住鼻孔卻讓他難以講話。為了繼續講完故事，他一邊用手帕擦拭流出的鼻血，一邊賣力演說，足以讓人看出他說故事的熱情激昂。

所有韓國孩子都知曉的**朋友，方定煥**

　　建立韓國兒童節的方定煥，不只是最棒的故事大王，同時還是名兒童文學家，收錄韓國在小學國語課本裡的童話《一成不變的襯衫》就是出自方定煥筆下。他的一生都為了兒童運動而努力，最後留下「以後孩子們就拜託你們了」這句遺言才離世。

方定煥的生平

 3目標 少年立志會的目標
第一，努力用功
第二，多讀書
第三，努力求取新知

1899

出生於漢城夜珠峴，為現今首爾鐘路區

1908

創立討論會「少年立志會」

1910

日據時期開始

首度於雜誌《青春》發表自己的作品

1917

- 進入現今高麗大學前身「普成法律商業學校」就讀
- 為了推動獨立，創立演講暨討論會「京城青年俱樂部」

1918

1922

發行《愛的禮物》

1921

於放假時回國，並於漢城創辦「天道教青年會」，致力推動兒童運動

1920

- 創造「兒童」（어린이）這個字彙
- 以雜誌《開闢》東京特派員的身分前往日本求學

1919

- 發行鼓吹獨立的雜誌《新青年》
- 因傳布獨立宣言書而被逮捕，並遭受嚴刑拷打

- 創辦雜誌《兒童》
- 創立「色同會」
- 訂定5月1日為兒童節

1923

作為韓國最早的兒童雜誌，培育出了馬海松、李元壽、尹石重等具代表性的兒童文學作家。

1927

出任向來積極推動兒童運動之團體「朝鮮少年聯合會」的委員長

1928

舉辦來自世界20多個國家一同參與的「世界兒童藝術展覽會」

1931

全心投入工作，未能顧及自己的身體健康，於33歲時英年早逝

69

比爾・蓋茲（1955～）

發表新品時，
出現藍屏當機畫面？

❤️ 💬 ✈️ 　加油　21,761,902 個　　　　　　　　🔖

比爾・蓋茲　#新產品 #Windows98展示 #藍屏 #哄堂大笑
充滿野心的新作居然當機，而且過程還全國直播！啊，可怕的藍屏畫面！

　　比爾・蓋茲開發了只要點選螢幕畫面上的圖示，就能開啟程式視窗的 Windows 系統，正式開啟了人人都能輕鬆操作電腦的時代。1998年4月，比爾・蓋茲在推出新產品「Windows 98」之前，舉辦了現場直播的發表會，當外部裝置連結到電腦上時，一切看似運作正常，沒想到卻突然冒出藍屏當機畫面！究竟在這讓人尷尬不已的狀況之下，比爾・蓋茲是如何應對的呢？

吱吱喳喳～後續發展

賈伯斯
那個，你還記得展示會上的 Windows 98 事件嗎？久久重看一次，我還是笑到不行耶！

比爾・蓋茲
那時超尷尬的……啊，你居然拿這件事當笑話？

賈伯斯
可是你應對得很不錯呀！

賈伯斯
你那句「所以 Windows98 現在還沒能上市」真的很機智！

比爾・蓋茲
是嗎？呵呵，我這人最會隨機應變了。

賈伯斯
我也曾經遇過一樣的窘境，所以很了解你的心情。我還記得在展示會上，因為系統發生錯誤，還當機＊＊了呢。

比爾・蓋茲
啊，那時你公司的股價還差點要大跌呢。

深層探究！

＊ 藍屏是 Windows 發生無法回復的系統錯誤時，與錯誤訊息一起出現的藍色畫面。這個錯誤畫面所顯示的藍色是由開發小組隨機選出的顏色。

＊＊ 當初在展示會上發生電腦系統錯誤時，賈伯斯曾這麼說道：「所以我們才會加入備份功能」，後來這也成了一句名言。

也發生了這樣的事！

IT 企業雙雄比爾・蓋茲與賈伯斯，彼此競爭了逾 30 之久，不過就在比爾・蓋茲離開微軟並致力慈善事業以後，兩人也開始了深厚的友情。據說賈伯斯過世之際，床頭還擺放著比爾・蓋茲寄給他的信件。

71

比爾‧蓋茲的成就星級評分

學習電腦的小學生

★★★★★ 電腦之王！

老師說多虧微軟，我們才能這麼便利地使用電腦，而且Windows、IE、Excel、Power Point等程式，都大大改變了這個世界！

住在尚比亞的小朋友

★★★★★ 慈善天使！救命恩人！

比爾‧蓋茲大叔為了拯救我們小朋友的生命，已經捐了100億美元，要是沒有這位大叔，我們就沒辦法施打疫苗，說不定會因此染上霍亂或瘧疾。

保羅‧艾倫

★★★☆☆ 最棒的事業夥伴

我和比爾‧蓋茲一起創立了微軟，可是我們之間發生了一點小小誤會，後來我就離開公司了。雖然我倆的關係不如從前，但我一樣很認可他洞察未來的觀察力與經營事業的能力！

準備就職的畢業生

★★★★★ 聽取比爾‧蓋茲的名言奮鬥！

「對我們而言，Google、Apple以及其他免費軟體創立者等，都是偉大的競爭對手。」儘管比爾‧蓋茲已站在成功的頂點，但他仍時刻不鬆懈，我要學習他的精神，努力進入理想中的企業！

比爾‧蓋茲的生平

賈伯斯亦於同年出生

1955 ➥ **1968** ➥ **1973** ➥ **1975**

出生於美國西雅圖，父親是律師，母親則是教師

13歲時初次在學校習得電腦，從此沉迷其中

在雙親勸說下，進入哈佛大學就讀法學系，但過沒多久便轉到數學系

• 與保羅‧艾倫一同編寫個人電腦程式語言「BASIC」
• 自哈佛大學休學，不久後便和保羅‧艾倫一起創立微軟公司

Windows並非利用鍵盤輸入文字叫出的系統，而是利用滑鼠點選圖標，十分便利！

為當時為世界最大的電腦公司IBM開發個人電腦用作業系統「MS-DOS」

1981

1995 ➥ **1990** ➥ **1987** ➥ **1985**

• 個人電腦作業系統「Windows 95」上市
• 「IE」上市

「Windows 3.0」上市

「Power Point」上市

• 「Windows」系統上市
• 開發「Excel」

1998 「Windows 98」上市

2000
• 「Windows ME」與「Windows 2000」上市
• 與妻子聯名建立比爾暨梅琳達蓋茲基金會

2001 ➥ **2008** ➥ **現在**

「Windows XP」上市

離開待了33年之久的微軟公司

致力於救助貧民與推動公益（以2019年10月為基準）

世宗大王（1397～1450）

沒肉就不吃飯的
偏食大王？

♥ ◯ ⩗ 喜歡　627,159 個　　　　　　　　　　　　　　🔖

世宗大王　#肉＝♥ #再來1人份的肉 #吃肉才不會胖 #胖是我在胖
說我都是胖都是因為吃肉的關係？才不是呢，好吃的美食都是0卡路里好嗎？

　　世宗大王氏朝鮮第四代國王，他非常愛吃肉，連《世宗實錄》裡頭也記載了「殿下用膳時，若沒有肉就絕不動筷」。甚至連世宗大王的父親太宗，也曾要世宗在他過世以後，治喪期間不管如何都要記得吃肉，這是因為在朝鮮時代，治喪期間是不准吃肉喝酒的。這麼愛吃肉的世宗大王，偏偏不愛運動，整天沉迷書海，所以他的身形肥胖，長了滿身肉，結果得了糖尿病等一堆疾病，最後甚至還導致眼盲不見萬物。

氣味尚宮[*]

今天大家準備殿下的御膳[**]
辛苦了。

內人1

是的，尚宮大人。不過殿下今
天又把肉吃得精光了⋯⋯。

內人2

對呀，我還以為今天一定可
以嚐到宮廷烤牛肉的味道
呢⋯⋯。

內人1

尚宮大人可以試食，想必一定
嚐遍宮中美食了，真是羨慕。

氣味尚宮

那麼羨慕的話，你們就賭上
自己的生命來試食呀？

內人1

不，不了！我有預感，明天
殿下一定會留一點點剩肉下
來的。呵呵，剩肉就由我來
包下啦！

內人2

什麼？那我咧？

深層探究！

[*] 氣味尚宮是負責在帝王用膳前試食的人，以確
認飲食內是否有毒。這種試食工作被稱為「嚐氣
味」，帝王要等專人嚐過御膳的氣味以後，才會
進食。

[**] 御膳指的就是提供給帝王品嚐的餐食，據說帝王
用剩的御膳會由尚宮和內人們食用。

也發生了這樣的事！

據說世宗大王主張不吃肉的話，身體就會出毛
病。所以他只要發現朝臣們看來沒有氣力，或
是看起來愁容滿面，就會勸他們多吃肉，也經常
賞賜肉品給臣子們。連對臣子的心意都用肉來表
現，由此可見世宗大王對於肉品的狂熱。

韓國人最尊敬的世宗大王！

第1號   0000年0月0日

發明「訓民正音」

BEST

世宗大王憐憫百姓們不識字，特地研究了韓語語音，最後在1443年完成了28個字母的諺文書寫系統。現今韓文是世界公認最具科學性的文字，《訓民正音》在1997年10月經UNESCO認定為世界記憶遺產。

▲《訓民正音解例本》

世界最強的科學國家，朝鮮

世宗大王在位的32年間（1418 ～ 1450），是科學技術的巔峰期。當時尤以天文學相關的發明品為多，其中測量雨量的測雨器更是足足比西洋早

▲ 測雨器

了200多年誕生。不只如此，當時還有諸如自擊漏（水鐘）、渾天儀、仰釜日晷等留下眾多功績的發明品，大大提升了朝鮮的科學地位。

公平舉用人才

世宗大王將奴婢出身的蔣英實培養成朝鮮最強的科學家，這是因為他唯才是用，不在意人才的出身或政治關係，只求讓他們盡情揮灑自己的才能。1420年建立的集賢殿，就是匯集了優秀人才並讓他們鑽研學問、發行書刊，為文化發展作出貢獻的地方。

▲ 設立於集賢殿裡的景福宮修政殿

擴增朝鮮國境

1419年，世宗大王為了趕走騷擾朝鮮百姓的日本海盜，出兵討伐了海盜據點對馬島。接著又在1433年進攻北方的女真，擴增了朝鮮國境。

▶ 擊退女真並重新設立的行政區域（4郡6鎮）

6鎮　穩城　鐘城　慶源　會寧　慶興　富寧　女真　白頭山　4郡　閭延　明　虞芮　慈城　武昌　京城　鴨綠江　義洲　朝鮮　東海

世宗大王人物關係圖

輔佐世宗大王的有能朝臣

技術

蔣英實

政治

黃喜

國防

金宗瑞

音樂

朴堧

學問研究

集賢殿學者們

父親

太宗
朝鮮第3代國王

母親

元敬王后

世宗
朝鮮第4代國王

夫人

昭憲王后

兒子與女兒

文宗
朝鮮第5代國王

世祖
朝鮮第7代國王

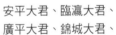
安平大君、臨瀛大君、
廣平大君、錦城大君、
平原大君、永膺大君、
貞昭公主、貞懿公主

端宗
朝鮮第6代國王

貝多芬（1770～1827）

三天兩頭就更換幫傭？

❤️ 💬 ✈️　過分　4,981 個　　　　　　　　　　🔖

貝多芬　#幫傭 #不滿意 #泡脹的食物 #餐點講究時間
食物都冷掉了嘛！快給我收走！你得在我想吃的時候端出餐點來呀！

　　由於貝多芬那激烈易怒的性格*，讓他和周圍的人多有摩擦。貝多芬特別討厭在他作曲或與客人交談時受到打擾，所以在他家工作的幫傭總是得看他臉色來斟酌端出餐點的時機。貝多芬非常喜歡吃鋪有起司的通心粉，但只要餐點不在他滿意的時間內出現，火爆的他就會氣得打翻餐點，再加上食材費用也貴，幫傭總是為此而煩惱。他只是對飲食挑剔嗎？並不是。還有什麼事讓幫傭為難呢？

吱吱喳喳～後續發展

幫傭
我不幹了！請您找別人吧。

貝多芬
妳要辭職的理由是什麼？

幫傭
我累了，不想再看你的臉色
來上菜了！

貝多芬
就為了這麼點小事？

斯哈

幫傭
還要我再說下去嗎？

幫傭
您房間裡到處都是亂放的樂
譜，好不容易幫您打掃好，
又不知道您是哪裡不滿意，
一直聽您碎碎唸，我的耳朵
都要長繭了。還有，您昨天
還丟我雞蛋呢！

貝多芬
啐！那麼我也不需要妳了，
要找幫傭還不簡單？

幫傭
那您就找看看啊，哼！啊，
跟您講到我頭都痛了。

痛痛

幫傭離開了聊天室。

深層探究！

*貝多芬從20多歲後半起，耳朵就漸漸開始聽不
到。原本他就敏感易怒，再加上耳朵毛病帶來的
絕望與不安，隨著耳疾逐漸加重他更是遠離人
群，喜歡自己一人出外散步，不知情者還以為是
他出名後才變得傲慢。

也發生了這樣的事！

僕人們受不了貝多芬那乖僻的性格，於是紛紛求
去，貝多芬甚至還曾因此連續餓了兩天。另外，
貝多芬每當作曲不順時，就會大吼大叫或亂丟東
西來發洩壓力，甚是光火的房東把他趕了出去，
前後因此而搬家數十次。

戰勝不幸命運的 「音樂巨匠」

　　雖然貝多芬耳聾，但他並未放棄音樂，反而更專注心力作曲，創作出許多傑作。其中的第9號交響曲《合唱》，是他所創作的最後一部交響曲，曲風傳達出愛與歡樂的精神。另外，《給愛麗絲》、《月光》、《命運》等，也都是他流傳於世的偉大作品。

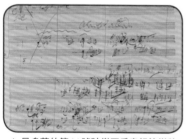

▲ 貝多芬的第14號弦樂四重奏親筆樂稿

這部樂曲是貝多芬認定自己所譜寫過最棒的弦樂四重奏曲。

▲海利根施塔特遺書

貝多芬在身體健康惡化之後，便移居到維也納郊區的海利根施塔特進行療養，可是他的耳疾始終未見好轉，於是他向弟妹們告知自己耳聾的事實，並提早寫下遺書，以防萬一。

即興演奏的達人

當貝多芬去找莫札特，並要莫札特收自己為徒時，莫札特聽了貝多芬的即興演奏後驚為天人，向在場所有觀眾表示：「請大家好好注意這位年輕人，日後他必定震驚世界。」

反覆轉折、變化莫測的交響曲

在第9號交響曲《合唱》的首度公演演奏結束時，所有觀眾不禁起立拍手喝采，但站在指揮者旁邊的貝多芬卻聽不到如雷掌聲，於是一位樂團成員便將貝多芬的身子轉過去面對觀眾，那時他才看到觀眾為他歡呼的模樣，並深深鞠躬致謝。

貝多芬的生平

1770
- 出生在德國波昂一個貧窮的音樂家庭
- 酗酒的父親曾是宮廷樂團的歌手

1774
4歲起接受父親嚴格的鋼琴訓練

1778
於宮廷劇場舉辦第一次演奏會

1779
跟隨知名的克里斯蒂安·戈特洛寶·奈弗學習音樂

- 前往音樂之都維也納留學,並在當地拜訪莫札特
- 母親逝世,貝多芬返回波昂

1787

為拿破崙創作交響曲,但隨著拿破崙稱帝,盛怒之下撕毀樂譜題獻扉頁,將樂曲改名為第3號交響曲《英雄》

1804

1802
耳疾加重,移居到海利根施塔特進行療養

1801
創作第14號鋼琴奏鳴曲《月光》

1792
再次前往維也納,並接受海頓的指導

1808
創作第5號交響曲《命運》、第6號交響曲《田園》

1810
創作鋼琴獨奏曲《給愛麗絲》

《給愛麗絲》是為了我心愛的女人而寫的曲子。人們推測是寫給我求婚的對象,特蕾塞·瑪爾法蒂,但真相如何只有我自己知道!

1819
使用助聽器與對話本與人進行溝通

1824
發表第9號交響曲《合唱》

1827
57歲時離世,葬禮雲集2萬多人前來送別

害苦了身邊人

安徒生（1805～1875）

都已經是個大人了，還趴在草地上鬧脾氣？

❤️ 💬 ✈️ 難過　1,547,282 個　　　　　　　　　　🔖

安徒生 #童話作家 #批評太過分了 #負評真是氣死人 #安慰一下我嘛 #嗚嗚
居然說我的作品是失敗作！怎麼可以那樣說我的作品嘛！哼哼！

　　時值1857年，安徒生住在英國知名作家查爾斯・狄更斯家裡時，有人看到一個奇怪的男子趴在狄更斯宅邸前的草地上痛聲大哭，從那名男子的體型看來，分明是成年人無誤，但他卻哭得和個小孩子一樣。沒想到，原來那個男子就是名震全歐洲的丹麥童話作家，安徒生。狄更斯一家人看見安徒生的舉動，心中滿是疑惑，完全不能理解他為何哭成這樣。究竟安徒生是出自什麼緣故，才會像個孩子一樣嚎啕大哭呢？

吱吱喳喳～後續發展

查爾斯·狄更斯
安徒生，剛剛你為什麼哭的那麼大聲呢？難道是因為報紙上刊登的負評嗎？

安徒生
我那麼努力寫出的作品，他們怎麼可以批評得一無是處！嗚嗚！

好難過
嗚嗚

查爾斯·狄更斯
你不要那麼在意別人的批評。我寫作也寫了 24 年，但我從未去看人家給我的評價，一次也沒有！

安徒生
您說我怎麼能夠不在意嘛！他們把我的作品批評成那樣，要我以後如何繼續寫作下去？哼！

查爾斯·狄更斯
別哭了！不管人家怎麼說，安徒生你都是最棒的作家。只要過一個禮拜左右，人們就不會再記得那些負評了，但你的作品卻是永恆的。

沒事的

安徒生
真的嗎？呵呵，狄更斯您這一席話，真的是我最大的慰藉了。

深層探究！

查爾斯·狄更斯（1812～1870）是英國頂尖的小說家，其代表作為《孤雛淚》、《小氣財神》等。
一如狄更斯所言，如今安徒生創作的童話已有全世界不同語言的翻譯本。被譽為兒童文學界的諾貝爾獎，「國際安徒生獎」名稱就源自安徒生。

也發生了這樣的事！

認識安徒生的人，總說他是個塊頭大的小孩子。要是吃飯時，安徒生沒有先拿到餐點，他就會鬧彆扭，而且他也不會自己刮鬍子，非得上理容院處理才行，不過也許就是因為他有這樣的性格，才能創作出那麼多有趣的童話故事。

童話之父 —— 安徒生波瀾萬丈的人生曲線

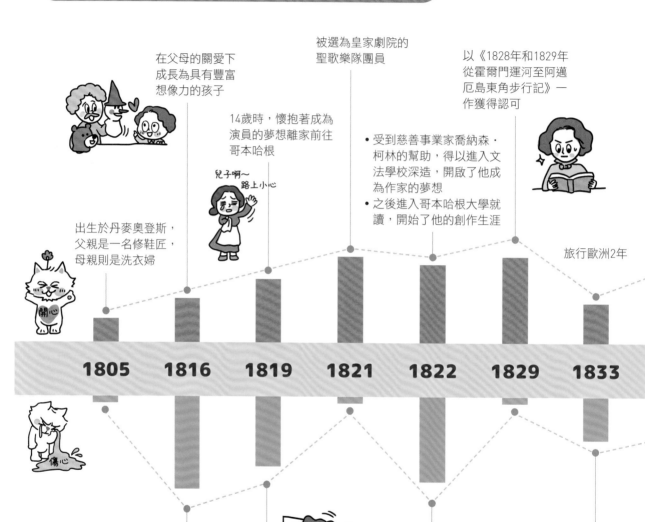

在父母的關愛下成長為具有豐富想像力的孩子

被選為皇家劇院的聖歌樂隊團員

以《1828年和1829年從霍爾門運河至阿邁厄島東角步行記》一作獲得認可

14歲時，懷抱著成為演員的夢想離家前往哥本哈根

兒子啊～路上小心

• 受到慈善事業家喬納森·柯林的幫助，得以進入文法學校深造，開啟了他成為作家的夢想
• 之後進入哥本哈根大學就讀，開始了他的創作生涯

出生於丹麥奧登斯，父親是一名修鞋匠，母親則是洗衣婦

開心

旅行歐洲2年

傷心

| 1805 | 1816 | 1819 | 1821 | 1822 | 1829 | 1833 |

因父親逝世而陷入貧困，最後無法繼續就學，只得到工廠工作幫忙家計

輾轉求入各劇團，卻總是遭到拒絕

因面臨變聲期而離開皇家劇院

失戀受挫

- 發表以歐洲旅行為背景創作而成的《即興詩人》，並以此作嶄露頭角
- 發表首部童話集《講給孩子們聽的故事》，此後的每個聖誕節都會發表新的童話作品

發表《賣火柴的小女孩》、《紅鞋》等作

我不只創作兒童文學，也涉獵詩、小說、紀行、戲劇等各種不同領域！

發表《醜小鴨》、《夜鶯》等作

作為故鄉奧登斯的榮譽市民，相隔48年重返故鄉，在家鄉父老的歡呼聲中流下感激的眼淚

發表《美人魚》、《國王的新衣》等作

1835　**1837**　**1843**　**1845**　**1867**　**1872**　**1875**

位在哥本哈根的知名地標——美人魚，是許多熱愛安徒生童話的觀光客必訪之地。

健康惡化，身體日益衰弱

70歲時辭世，並留下130多部寶石般珍貴的童話作品

畫了了身邊人 ●── 梵谷（1853～1890）

和朋友徹夜吵架？

♥ ▢ ◁ 難過 65,297 個 ▯

梵谷 #法國阿爾勒 #畫家共同體 #高更 #性格差異 #吵得好累
和高更一起住在阿爾勒的黃房子也超過一個月了，好怕他想離開這裡。

　　1888年，梵谷來到法國南部的小城市阿爾勒，並在這裡租下了一間雅致的房子，隨後他邀請高更和他同住，並開始作畫生活。兩人結伴參訪各處，盡情討論對藝術的想法，結果卻因為迥然不同的性格差異而導致關係失和，日復一日地爭吵，最終導致梵谷揮刀割掉自己的耳朵。究竟梵谷與高更以後是否還能夠一起作畫呢？

吱吱喳喳～後續發展

梵谷
西奧，我和高更出了點問題。

西奧
你不是才開心地說想和高更一起創作，怎麼好端端地出了問題？

梵谷
高更大概是對阿爾勒和我感到厭煩了吧，我們已經連續吵了好幾天。我們的生活習慣、興趣、作業方式，甚至是藝術觀都完全不同！

西奧
邀請高更的人可是你，你就忍一忍吧。

梵谷
高更擁有絕佳的創意，不管怎樣，我當然希望能和他一起創作啊，嗚嗚。可是高更好像很想離開這裡。

西奧
唉，真麻煩，這是你們兩人的問題，我夾在中間也沒辦法呀！

深層探究！

*西奧·梵谷（1857～1891）是畫家梵谷的弟弟，也是他最堅強的後盾。身為畫商的西奧，支援梵谷的生活費約有10年之久，而且也很努力幫他賣出畫作。梵谷曾給西奧寄了650多封信件，西奧一直到過世之前都很珍惜那些信件。

結果如何呢？

就在梵谷割掉自己耳朵後的翌日，高更變離開了阿爾勒。兩人同住的短短兩個月裡，互相學習了彼此的繪畫技巧，梵谷學會了憑藉記憶作畫，而高更則是學會了強烈表達出內心感情的畫技。雖然兩人後來失和，但就在梵谷過世以後，高更在自己的小屋前方種了一片向日葵來紀念他。

太陽畫家，梵谷

梵谷一輩子過著無名畫家生活，既孤單又寂寞，一直等到他離開人世以後，才成為全世界都認可的實力畫家。在他10年的創作生涯中，足足畫出2千多件畫作，足以看出他對繪畫的熱情。他未曾接受過正規的美術教育，也沒有拜師學藝，完全是靠著自己摸索來進行創作。

向日葵畫家

▲《向日葵》，1888年

梵谷在聽到高更要來阿爾勒的消息以後，開心地創作出這幅畫作。對梵谷來說，黃色象徵著希望，所以他連自己的房子都漆成黃色。由於高更也很喜歡這幅畫，所以後來大家稱梵谷是「太陽畫家」。

生前賣出的唯一畫作

▲《紅色葡萄田》，1888年

這是和高更同住時所畫的作品。這是在夕陽西下，土地閃著紫光，葡萄葉映照成火紅之際時所畫，同時也是感激西奧所送給他的畫作，最後這幅繪畫成了梵谷生前唯一賣出的畫作。

充滿傷痛與熱情的自畫像

▲《自畫像：包紮過的耳朵和菸斗》，1889年

治療完耳傷，梵谷為表深切反省，便畫了這幅綁著繃帶的自畫像。在他過世前5年，他一共畫了40多幅的自畫像，這是因為貧窮的他無法聘請模特兒作畫，只能畫親友或自己。

靜謐又神祕的夜空

▲《星夜》，1889年

這是他想像著聖雷米精神病院窗外風景所畫，作為補色的藍色與黃色形成了強烈的對比，有如火舌般直上雲端的柏樹，則呈現出梵谷的孤獨與不安。

梵谷的生平

弟弟西奧出生

1853

出生於荷蘭一個名叫津德爾特的小村莊，是家中長子，其父為一名牧師

1857

1869

休學並就職於畫廊，前後曾在海牙、倫敦、巴黎工作過

1872

從這時期開始與弟弟西奧開始了書信往來

被畫廊解雇，重新返回家鄉荷蘭 **1876**

▲《吃馬鈴薯的人》，1885年

1885

創作《吃馬鈴薯的人》

1880

- 27歲時，開始了畫家生涯
- 弟弟西奧開始資助他的生活費

1878

於礦村開始傳教的工作

1886

與西奧一起在巴黎生活，同時結識了包括高更在內的眾多畫家

失去哥哥的悲痛讓西奧的健康狀況惡化，也在6個月後離開人世。

1888

- 離開巴黎，並與高更一同在阿爾勒進行創作
- 創作《向日葵》、《紅色葡萄田》等畫

1889

- 自願進入聖雷米精神病院療養
- 創作《自畫像：包紮過的耳朵和菸斗》、《星夜》等畫

1890

- 移居奧維爾接受治療
- 該年7月自殺身亡，享年37歲

李仲燮（1916～1956）

把賣畫所得到的錢 全都花光了？

♥ ○ ◁ 珍惜 9,265,381 個 ⌖

李仲燮 #花光賣畫錢 #酒要價500韓元 #我有1000韓元

我想快點賺夠錢，好和家人團聚。話說回來，賣畫錢要拿來做什麼才好呢？對啦！就喝點小酒吧！

　　韓國極具代表性的畫家，李仲燮，由於家中環境極為貧苦之故，於是便將妻子和兩個兒子送往日本，隻身一人留在國內謀生。他一直期望著能多賣點畫作，早日與妻兒團聚，所幸看過他畫作的人都很佩服他的繪畫實力，所以他順利賣了不少作品。可是，他所掙來的賣畫錢卻一毛也沒存下來，是怎麼一回事？原來每當順利賣出作品，他就會開心地飲酒作樂，或是好心借錢給貧苦的朋友，如此一來，早日與家人團聚的夢想也越來越遙遠。李仲燮何時才能將妻兒接回韓國呢？

吱吱喳喳～後續發展

後輩車根鎬*
哥，恭喜啦！你的作品在許多畫家之間成了話題呢！聽說一些藝術收藏家都搶著要買下你的作品**。

李仲燮
謝啦！我今天也賣出了一幅畫，等等讓我請你出去大吃一頓吧。

後輩車根鎬
錢省著點用吧，這樣下去都要被你喝酒給喝光啦。

李仲燮
沒錯，我好想我老婆，我也答應孩子們要買腳踏車給他們……在他們忘記我這個爸爸長什麼樣之前，得趕緊把他們接回來才行。

 好想念

後輩車根鎬
加油！照這樣下去，哥很快就能和家人團聚了。

李仲燮
我太難過了，得喝一杯解憂愁才行。根鎬啊，來陪我喝一杯吧！

後輩車根鎬
真拿你沒辦法耶！

 唉呀呀

深層探究！

* 車根鎬（1925～1960）是名雕刻家，一直視李仲燮如自己的親哥哥。

** 1954年，景福宮美術館舉辦了大韓美術協會展覽，李仲燮的作品《月亮與烏鴉》獲得國防部政訓局局長與美國公報院長的青睞，兩人皆有意買下畫作，最後甚至為此進行了協商。

結果如何呢？

李仲燮曾於1955年舉辦了個展，但卻因諸多問題而銷售不如預期，從那時起，他拒絕進食，而且一直認為有人對他圖謀不軌，成天想盡辦法躲藏起來，精神出現異常症狀，最後他未能接回家人，並於1956年孤獨地在病房死去。

苦難中燃燒藝術之魂的畫家，李仲燮

　　李仲燮的一生經歷過日據時期、光復、韓戰等混亂時代，這也造就了他以獨特的表現技法來打造嶄新藝術世界。李仲燮的人生歷程雖短，但他留下的作品卻給大家無限的感動。

牛的畫家

▲《白牛》，1954 年

我把我們民族失去國家的憤怒與心中的抵抗心，都表現在這隻牛的樣貌上面，為了畫這幅作品，我很認真地觀察了牛隻的樣子，還曾被人誤會是偷牛賊。

錫箔紙圖畫

▲《錫紙畫》，年代不詳

這是我利用包著香菸的錫箔紙所作的畫。首先，我先用錐子在錫箔紙刮出圖案，接著在上頭塗上顏料，最後以布料擦拭，就成了線條鮮明的畫作。

深情的丈夫與父親

因為想念在日本的家人，所以給他們寄了許多信件。為了較熟悉日語的妻兒，這些信件都是以日文書寫，再加上信件旁畫給孩子們的圖畫，以安慰思念之情。

▲《寄給妻子的信》，年代不詳

清澈靈魂的持有者

當我和家人住在濟州島時，只要餓了就會去海邊抓螃蟹吃，可是這對螃蟹來說，不啻於是個惡毒的行為，所以在我的畫作裡，出現過很多次與螃蟹嬉鬧的場面。

▲《孩子、魚與螃蟹》，1950 年

李仲燮的生平

1916
出生在平安南道的一個富裕地主家裡,是家中的么子

1931
認識了曾在美國學習美術的老師,並留下許多習作

1936
就讀日本東京帝國美術學校,主修西洋畫

1937
轉學至東京文化學院

在日期間,與朝鮮畫家們合組「新美術家協會」,同時也舉辦展覽展出朝鮮美術作品

1941

春天時,和家人一起遷往濟州島,冬季時又再度返回釜山

脫離日據時期當年

1951

1950
發生韓戰,與家人一起前往釜山避難

1945
與學妹方子在元山結婚,並為她取了「李南德」的韓國名字

1943
停留在北韓元山,埋首於創作之中

1952
由於生活貧苦,只好把妻兒送回日本

在李仲燮過世3天後,眾多朋友在太平間的鋪墊上發現積欠醫藥費的請款單。

1953
受詩人具常的幫助,短暫與在日本的家人會合,7天之後再度返回朝鮮

1954(?)
發表畫作《白牛》

1955
• 於首爾美都波畫廊舉辦個展
• 於大邱舉辦個展,隨後因精神異常而住進精神病院

1956
因營養失調與罹患肝炎住院,最後在41歲時孤苦離世

賈伯斯（1955～2011）

是個身上發出臭味的素食主義者？

❤ ◯ ▽ 　討厭　944,511個 　　　　　　　　　　　🔖

賈伯斯　#素食主義 #不洗澡！ #吃素就不會產生異味
為什麼只要我經過，旁人都會搗著鼻子呢？大概是鼻子不舒服吧，跟我一樣吃素就好啦！

　　IT業界的革新家賈伯斯是名素食主義者，他相信只要食用蔬果，身體就不會產生異味，所以經常好幾週都不洗澡。在他19歲的某一天，賈伯斯穿著一身破破爛爛的衣服，腳踩著涼鞋，身上還發出臭味的狀態之下，跑去「雅達利」遊戲公司，執拗地求公司雇用他為職員；他甚至還跟公司放話說沒得到雇用前，自己絕不會離開公司。究竟賈伯斯是否能成功進入雅達利工作，和同事相處融洽呢？

吱吱喳喳～後續發展

 同事
賈伯斯，我們來開個會吧。

賈伯斯
好啊，那麼我過去找你吧？

 同事
不用！別過來，我們用通訊軟體開會就好了。

賈伯斯
我又不是什麼傳染病患者，幹嘛老是躲著我？

 同事
你是真不知道還是假不知道？你身上那股臭味實在讓人很難集中精神耶！

賈伯斯
開什麼玩笑？只要吃蘋果之類的水果為主的素食，身體就不會有異味好嗎？也不用洗澡！

香噴噴

 同事
跟你實在是很說不通耶！反正只要你不洗澡，我就沒辦法跟你一起工作！

 結果如何呢？
在雅達利和賈伯斯一起工作的工程師們，因為受不了他身上的異味和古怪的脾氣，向主管進行抗議，結果賈伯斯的工作時間改到晚上，等同事們下班後再進行他的業務。
2年後，賈伯斯獨立創業，建立了以他最喜愛水果為名的「蘋果公司」。

 也發生了這樣的事！
據說賈伯斯為了發洩壓力，會把腳踩進馬桶裡。另外，他的穿著跟人一樣獨具個性，只固定穿同一風格，所以他買了無數多件黑色高領T恤與牛仔褲，永遠只穿運動鞋，日復一日。如今這樣的衣著造型已被人稱為「賈伯斯穿搭」，成了賈伯斯的象徵。

數位時代的革新象徵，賈伯斯

Apple II 引領個人電腦走向大眾化，其設計為鍵盤、主機板、電源裝置一體成型，可外接其他裝置。

麥金塔電腦 改變了輸入複雜指令來操作的模式，使用者只需以滑鼠點選畫面上的圖標就可啟動電腦。不過因為可使用的軟體不足，所以銷量極減。

iMac 外型設計為主機與螢幕一體成型，使用者可看到機體內部，創新的設計與華麗的顏色為其特徵。

iPad 介於智慧型手機與筆記型電腦中間的機種，開創了全新的市場！

iPod 是一種操作方法簡單，且設計風格洗練時髦的攜帶型數位多媒體播放器。

App Store 是一個提供全世界應用程式開發者販售程式的線上商店。

iPhone 被譽為是21世紀最偉大的發明！這種行動電話兼具筆記型電腦、音樂播放器功能，之後還結合App Store，開創智慧型手機的新時代。

賈伯斯的生平

1955

出生於舊金山。母親未婚生下他，由於沒有經濟基礎，最後將他送養

1969

在朋友的介紹之下，結識了史蒂夫·沃茲尼克

> 我們是朋友！

> 我比你大5歲唷。

賈伯斯　　沃茲尼克

1974

進入雅達利遊戲公司工作

1976

- 21歲時與沃茲尼克一同創立了「蘋果公司」
- 發表第一台電腦「Apple I」

- 新電腦「Lisa」和「麥金塔」接連慘遭失敗，被驅逐出蘋果公司
- 建立「NeXT」電腦公司

1985

1997

重返面臨經營困難的蘋果公司，並與比爾·蓋茲經營的「微軟」攜手合作

1995

首部長篇3D動畫電影《玩具總動員》大獲成功

1986

建立「皮克斯」動畫公司

1998

推出「iMac」，僅花費4個月就銷售出80萬台，成功取得佳績

2001

推出「iPod」

2004

接受胰臟癌手術

2007

推出「iPhone」掀起一陣旋風

2010

推出平板電腦「iPad」

2011

- 因健康惡化，辭去蘋果公司CEO一職
- 於56歲時離世

達文西（1452～1519）

達文西曾經當過廚師？

❤ 💬 ✈ 驚訝　3,158,291 個　🔖

達文西　#熱愛料理的畫家 #晉升為大廚 #破格料理 #健康飲食
吃太多肉對身體可不好！我會用清淡又好吃的蔬菜作道美味料理給你！

　　李奧納多・達文西在工坊當學徒時，曾在餐廳「三隻蝸牛」工作，後來好運升為大廚。充滿創意的他，在廚房一樣經常揮灑他的靈感，興致一來就把菜單全部更新。他曾經端出清淡的無肉料理給客人吃，那道料理是由四塊紅蘿蔔與一條鹽漬鯷魚所料理而成的餐點，並輔以美麗的擺盤妝點，對當時習慣大魚大肉的客人們來說，那是再陌生不過的料理。究竟達文西的餐點是成功還是失敗呢？

餐廳老闆
我說大廚啊，可以不要再推出那種奇怪的料理了嗎？

別鬧了！

達文西
哪裡奇怪了？蔬菜明明對身體很好呀！

餐廳老闆
業績都下滑了呀！
你馬上給我回復原本那種有油有肉的餐點來！

達文西
那麼我就在麵包裡面加一些波隆那香腸來補充營養好了，相信客人們一定會了解我料理的精髓。

美味

餐廳老闆
波隆那香腸必須為主，你就多放一點，反正不用管賣相和健康，我要的就是滿滿香腸的豐盛料理。

達文西
（默默無語）……。

餐廳老闆
唉，固執的傢伙！

結果如何呢？

當客人不再光顧「三隻蝸牛」，達文西便自請離職，然後和好友山德羅·波提且利一起合開餐廳。最後他以廚師身分，光榮受邀至宮中負責宮廷宴會料理，一做就是30年。長條義大利麵也是達文西開發的，為了讓客人們方便食用義大利麵，他還發明了三叉槍型態的叉子。

也發生了這樣的事！

醉心於料理的達文西，偶爾也會怠惰繪畫本業。米蘭恩寵聖母堂的壁畫《最後的晚餐》，花了達文西2年9個月的時間才完成，然而實際作畫的時間不過只有3個月而已。據說這是因為其餘的時間都被達文西拿來吃吃喝喝，以及煩惱壁畫上要畫什麼料理之故。

多才多藝的天才 達文西 的發明

　　達文西是以《蒙娜麗莎》、《最後的晚餐》聞名的文藝復興時期畫家。博學的他，還活躍在發明、雕刻、建築、解剖學、數學、科學、音樂等眾多領域。由於他的發明品總是領先時代，在當時沒有什麼人能看出其價值，不過那些發明品卻成了今日科學文明發展之基礎。

我在發明筆記裡畫了許多發明的圖稿！

▲ 直升機

達文西的發明在現今是什麼模樣？

▲ 降落傘

▲ 裝甲車

▲ 腳踏車

 達文西的生平

佛羅倫斯是托斯卡納地方的中心都市，
更是文藝復興文化盛行之處
⋮

1452

出生在義大利
托斯卡納一個名叫
文西的小山鎮

1466

成為佛羅倫斯畫家安德
烈‧德爾‧委羅基奧的
門下弟子

1472

成為佛羅倫斯畫家
協會的正式會員

1473

開始在「三隻蝸牛」
餐廳工作

與好友波提且利合開一間名叫
「山德羅與李奧納多的三蛙旗」的餐廳　**1478**

離開佛羅倫斯，前往米蘭　**1482**

▲《最後的晚餐》，1495 ～ 1497 年

1489　　**1483**

對人體解剖學產　繪製「直升機」
生興趣，開始學　草圖
習解剖學

1495～1497　繪製米蘭恩寵聖母堂的壁畫
《最後的晚餐》

1500　由於法軍進攻米蘭，
再度返回佛羅倫斯

▲《蒙娜麗莎》，
1503 ～ 1506 年

1503～1506　　**1517**　　**1519**

創作《蒙娜麗莎》　受法王法蘭索瓦　死在法蘭索瓦一世
一世的邀請，移　的懷中，享年67歲
居到法國

麥可・喬丹（1963～）

籃球皇帝喬丹曾經是棒球選手？

❤️ 💬 ✈️ 加油　1,290,511 個　　　　　　　　　🔖

麥可・喬丹　#突然結束籃球生涯 #新的人生 #棒球選手 #三振出局
運動雜誌*的封面放上我身為棒球選手的樣子……什麼，要我打包走人？

　　籃球皇帝麥可・喬丹的父親在1993年時，被兩個十幾歲的少年強盜殺害而亡，令人感到衝擊的是，其中一名少年還是為了購買昂貴的喬丹聯名鞋，才會犯下罪行。傷心的喬丹想起小時候曾和父親約定，要幫他完成成為棒球選手的夢想，於是就閃電結束籃球生涯，並轉戰成為棒球選手。不過喬丹出賽時，卻不斷地揮棒落空，他的棒球生涯是否能繼續呢？

*麥可・喬丹從此不再和嘲弄他的運動雜誌《運動畫刊》記者們交談。

吱吱喳喳～後續發展

父親的朋友
喬丹，好久不見。我看了你的棒球比賽。

麥可‧喬丹
叔叔，您好！大家都對我指指點點的。[*]

父親的朋友
嗯，我有話想跟你說……其實你的父親對你成為籃球選手這件事，是感到無比自豪的。

麥可‧喬丹
就算是這樣，我也想替父親完成他的心願。

父親的朋友
我想你父親在天上應該也很想看你馳騁在籃球場上的樣子。

麥可‧喬丹
那麼，我只好再一次重回籃球場了，看來棒球並不適合我。

父親的朋友
雖然有了一段空白期，不過只要你認真練習，一定能恢復實力的。我會連著你父親的份幫你加油！

深層探究！

[*] 麥可‧喬丹在 1994 年加盟隸屬於芝加哥白襪隊底下的小聯盟隊伍，許多記者為了採訪曾是知名籃球選手的麥可‧喬丹蜂擁而至，而且每當喬丹出賽時，也會有比平常多上數十倍的球迷入場觀賽。可惜的是，聽說喬丹的棒球實力並不出色。

結果如何呢？

透過父親朋友才知道父親真正想法的麥可‧喬丹，後來在 1995 年重返籃球場，並帶領球隊獲得優勝，可謂是皇帝的回歸。喬丹事後表示，走上棒球之路是最佳選擇，因為這讓他獲得更大的熱情，成為他活躍在籃球場上的動力。

籃球皇帝 麥可‧喬丹 的 Q & A

　　麥可‧喬丹生涯共出戰 1,072 場比賽，平均得分為 30.1 分，堪稱是傳奇般的紀錄。雖然他現在已經退休，但仍然是人們心中最偉大的籃球選手。現在就來看看大家對喬丹有什麼好奇的吧！

Q 請問您最感到自豪的紀錄是？

我曾經獲頒過 5 次其他選手就算想，也很難得到的球季最佳選手獎（MVP），還得過 10 次得分王，也曾帶領徘徊在下位圈的「芝加哥公牛隊」得到 6 次總冠軍。

Q 為什麼選擇「23」當背號呢？

小時候，我的哥哥非常會打籃球，我希望籃球實力能跟上哥哥，哪怕只有一半也好，因此我將哥哥的「45」號背號取半為「23」號。這是專屬於我的號碼，所以有好幾隊籃球隊都把這號碼指定為永久欠番號碼。

Q 聽說有您的聯名運動鞋？

知名的 Nike 公司以我的名字幫我出了聯名鞋「Air Jordan」，這也是籃球鞋史上第一次以選手名來命名的產品。雖然一開始產品上市時，市場並沒有太大的期待，但由於我的活躍，使得這項產品在全世界都有高人氣。

Q 您有什麼話想跟小朋友們說呢？

我的選手生涯共有 9 千多次射籃失準，敗場比賽也將近 300 場，為了不要反覆失敗，我一直不斷地努力練習，才能造就我的成功，我相信只要你們也和我一樣努力，沒有辦不到的事！

喬丹的生平

推出Air Jordan籃球鞋

1963

出生在紐約
布魯克林

1982

加入北卡羅萊納大學
籃球隊，並且帶領校
隊獲得美國大學籃球
（NCAA）冠軍

1984

21歲時經選秀加
入美國職業籃球
（NBA）芝加哥
公牛隊

1985

擁有強大的得分能力，
讓他在職業生涯第一年
就獲得新人獎

芝加哥公牛隊獲得隊史首座
冠軍，並且連續3年奪冠

1991

因父親之死受到
衝擊而引退

1993

1996

帶領芝加哥公牛再次
獲得冠軍，並且連續
3年奪冠

1995

回到芝加哥公牛隊，
重啟籃球生涯

1994

轉換跑道，
成為棒球選手

2000

入主華盛頓巫師隊，
就任球團事務總裁

喬丹在發表入選
名人堂的感言時
還流下了熱淚。

2001

由於球隊成績徘徊谷底，
38歲的喬丹再度以華盛頓
巫師隊復出

2003

自選手生涯
完全引退

2009

選入美國職業籃球
（NBA）名人堂

2010

入主北卡羅萊納州夏
洛特山貓隊，成為運
營總裁

現在

將夏洛特山貓更名為夏
洛特黃蜂，以運營總裁
之身分活躍著

就這樣結束嗎？

蔣英實（1390年左右～？）

皇帝要搭乘的
轎子壞了？

❤️ 💬 ✈️ 難過　4,870,112個　　　　　　　　　　　🔖

蔣英實　#世宗大王 #溫泉行 #製作總監 #轎子毀損 #不敬之罪
糟了，轎子壞了！還好殿下無恙，可是這下我可是沒臉見他了，嗚嗚！

　　蔣英實是位科學技術專家，因為腦袋伶俐，並且擁有過人的手藝，相當受到世宗大王的寵愛，官運也因此一路亨通。有一天，蔣英實正忙著製作要讓世宗大王走訪溫泉時要搭乘的轎子，他發現轎子有部分缺陷，於是便要和他一起負責監督製作轎子的趙順生檢查轎子的耐用度。趙順生表示轎子很穩固，要蔣英實不用擔心，沒想到就在試行的時候，轎子整個毀損了！未能製作出穩固的轎子，蔣英實的命運會是如何呢？

世宗大王
挨了那麼多杖，一定很痛吧？

蔣英實
殿下，是我罪該萬死。

世宗大王
大臣們要安你們不敬之罪＊，身為君主的我就不好說什麼了。

抱歉

蔣英實
但您還是幫我減刑了啊。＊＊

世宗大王
我知道一直以來你比誰都還認真……受傷的地方，別忘了要好好照護療養。

蔣英實
謝大王，感激您對奴隸出身的我如此關愛，我絕對不會忘記大王您的恩典。

聖恩浩蕩～

世宗大王
像你如此聰明的科學技術人才難找啊，唉……。

深層探究！

＊不敬之罪指的是對地位高者失禮不敬的罪行。

＊＊裁定罪罰的義禁府主張「蔣英實製作的轎子不堅固，應處以杖刑100下」，世宗大王則以拔除他的官位為條件，為他減刑至80杖。

結果如何呢？

一樣負責監製轎子的趙順生並未受到處罰，而被拔官的蔣英實卻隱藏行蹤，沒人知道他的生死下落。有部分人士認為轎子事件是世宗大王想要保護蔣英實，而謀劃出來一個計策，這是因為明朝若得知朝鮮獨步的天文觀測器材，那麼製作出那些器材的蔣英實就會陷入危險之中。

跨越身分地位障礙的**天才科學技術家**

　　蔣英實在世宗大王的積極支援與同事的通力合作之下，發明了無數的器材。他的發明促使朝鮮的科學技術更上一層樓，也大大造福了主要以務農維生的百姓們。

朝鮮時代重視的並非父系地位，而是母系地位。

父親	母親
由元朝歸化而來	屬賤民階層的妓生

具代表性的發明品

自擊漏（水鐘）

會自動發出聲響來告知時間的水鐘

受到幫助的人們

世宗大王

用人唯才，不在乎出身與地位，提供支援讓人才盡情發揮能力

仰釜日晷

為了方便百姓而以圖案標示時間的日晷

李蕆

既是武臣，也是科學家，蔣英實視其為終生的師父

渾天儀

配合星座運轉而轉動的天體觀測器具

簡儀

天體觀測器具，為渾天儀的簡略版

李純之

天文學家，也是數學家，還是天文學計算大師

蔣英實

水錶

設置在江河、湖水、大海等處，以測量水高的器具

蔣英實的生平

1390(?)
出生於現今釜山東萊區的東萊縣境內,為賤民出身

1399(?)
成為官廳的奴隸

1410
在世宗之父,太宗在位時期,受到慶尚道觀察使的推薦,被拔擢為宮中技術人員

1418
⋮
世宗即位
(1418~1450)

1421
前往明朝留學,以學習天文觀測器具

在身為東萊縣奴隸時期,時值大旱,因研發了引江水灌溉農田的設備而立了大功。

1423
脫離奴婢身分,被任命為尚衣院別坐

1434
研發製作「自擊漏」與金屬活字「甲寅字」

1433
研發製作「渾天儀」

1437
• 研發製作「大簡儀」與「小簡儀」
• 研發製作「仰釜日晷」

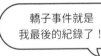
轎子事件就是我最後的紀錄了!

1438
研發製作結合渾天儀與水鐘的「玉漏」

1441
研發製作「水錶」

1442
由於製作給世宗大王搭乘的轎子毀損,而遭受刑罰並逐出宮

?
此後再無任何蔣英實的相關紀錄

就這樣結束嗎？

高第（1852～1926）

因為穿著太破爛，沒人要帶他去醫院？

♥ ◯ ▽ **難過** 550,937 個 🔖

高第 #車禍 #電車肇事逃逸 #計程車拒絕搭乘 #醫院拒絕治療
走著走著，突然眼前閃著一片亮光，於是我就昏倒了！來人把我送到醫院啊！

　　被譽為世界最頂尖建築師的高第，在 1926 年 6 月 7 日傍晚時，一如往常般出外散步，結果卻被電車撞倒在地，結果司機看到高第身著破爛，誤以為他只是個遊民，就這麼置之不理。一旁經過的路人連忙招了台計程車，想把高第送去醫院，但計程車司機見他衣衫襤褸的模樣，拒絕讓他搭乘。好不容易把他送到醫院，已經過了好長一段時間。最後高第是否能平安醒過來呢？

桂爾伯爵
高第，歡迎你來到天國。你奉獻心力建造的聖家堂＊＊如何了？怎麼現在就來天國了？

高第
桂爾先生，好久不見，真是想念您，我想之後一定會有人接手續建聖家堂的。不過想到出車禍的那天就覺得很遺憾。

傷心

桂爾伯爵
聽說你費盡千辛萬苦才獲得治療？

高第
大家看我身上的衣著破爛，都不願意伸出援手。我沒有帶身分證，全身上下就只有口袋裡的幾顆葡萄乾和花生而已。

桂爾伯爵
他們居然有眼不識泰山，不曉得你是聞名世界的高第，嘖嘖！

高第
就算我真的是遊民，也不該就因此漠視吧？

桂爾伯爵
我想他們一定也有所醒悟了。我也曾經好幾次以貌取人，該好好反省。

我會反省的

深層探究！

＊桂爾伯爵不只是高第的好友，更是他最堅強的援軍。出生在富裕家庭的企業家桂爾，相中高第的建築天分，遂將家中所有的建築都交給高第來建造，兩人的友情也維持到1918年桂爾過世之前。

＊＊聖家堂是高第從1884年起，就傾注所有熱情的作品，為了建造聖家堂，他足足貢獻了40多年的光陰。

結果如何呢？

高第的友人隨後趕到醫院，看到高第陷入病危狀態，趕緊幫他完成身分確認，才終於能夠讓他移到單人病房。不過就在3天之後高第便撒手人寰，許多民眾雲集在他的葬禮，為他送行人生最後一哩路。高第最後被安葬於聖家堂的地下墓室。

展現自然之美的高第建築

　　對高第來說，大自然就是他最棒的老師，舉凡天空、大海、植物、動物等各種自然之美，都反映在他獨特的建築曲線與建築風格上，而他那獨一無二的風格也受到認可，被公認是「最多作品入選世界文化遺產的建築家」。現在就讓我們來看看高第有哪些作品被聯合國教科文組織選為世界文化遺產！

4個尖尖的石砌尖塔，就像是要穿越天空。

聖家堂

「聖家堂」是高第所留下的最頂尖傑作。時至今日，聖家堂仍未竣工，依舊按照高第所遺留之設計圖緩慢興建中，是每年約有450萬名遊客特地前往參觀的觀光勝地。

桂爾公園

按照原規劃，「桂爾公園」是座田園住宅，不過如今已成了一座公園。妝點公園各處的各色瓷磚是否很美呢？

高地曾居住過的房子就在公園內。

米拉之家的每片牆面都沒有直線。

▲ 米拉之家的
　通風塔

米拉之家

外觀看起來就像是戴上頭盔的「米拉之家」屋頂通風塔部分，據傳是電影《星際大戰》中反派角色的靈感來源。獨特流線設計，讓人聯想到海波蕩漾的景象。

高第的生平

1852

出生於西班牙加泰隆尼亞雷烏斯的鐵匠家庭

1873

就讀巴塞隆納市立建築學校

1878

• 畢業並取得建築師資格
• 參觀巴黎萬國博覽會,並結識了桂爾

1883

開始以瓷磚建造「維森斯之家」

被任命為「聖家堂」的建築總監

1884

▲巴特婁之家

1904

設計被稱為骨之家的「巴特婁之家」

1900

• 憑藉「卡爾倍特公寓」獲得第1屆巴塞隆納最優秀建築獎
• 設計「桂爾公園」

1886

設計「桂爾宅邸」

1906

設計「米拉之家」

高第的建築作品中,名稱多帶有「casa」這個西班牙語字彙,其義為「家、房舍、宅邸」。

▲米拉之家

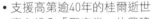

1918

• 支援高第逾40年的桂爾逝世
• 專心投入「聖家堂」的興建

1925

移居至「聖家堂」的工作室

1926

被電車撞傷,而後去世,享年74歲

瑪麗・居禮（1867～1934）

口袋裡隨時裝著 放射性物質？

♥ ◯ ◁ 小心 10,561,989 個 ▱

瑪麗・居禮 #最初發現鐳的人 #研究放射能 #I♥放射能 #親生孩子般珍愛的鐳
發現瀝青鈾礦裡含有放射性物質「鐳」！真是太幸福了。

　　瑪麗・居禮以發現放射性物質「釙」與「鐳」的功績，獲得了諾貝爾獎。
她不僅是世界第一位獲得諾貝爾獎的女性，更是唯一一位獲得兩次諾貝爾獎的女
性，可是儘管具有高度智慧如她，也不知道她所發現的放射性物質對人體有害，
甚至天天帶在身上。

　　為了研究鐳物質的有益用途，瑪麗・居禮共有數十年時間都暴露在放射能之
下，她的健康狀況是否良好呢？

114

吱吱喳喳～後續發展

 布洛尼亞姊姊
瑪麗，身體還好嗎？

瑪麗・居禮
姊姊，我全身都不舒服。

 不舒服

布洛尼亞姊姊
你大半輩子都忙著研究放射性物質*，忘了照顧身體才會這樣。

瑪麗・居禮
我不後悔，因為研究是持續不斷的喜悅。姊姊，我的女兒們就拜託妳了。

 布洛尼亞姊姊
託瑪麗你的福，我才能上大學成為婦產科醫師，都還沒能報答妳……。

瑪麗・居禮
支援姊姊是正確的選擇，何況我也因此得以讀大學呀。

 布洛尼亞姊姊
妳真是人品與實力兼具，我相信後代絕對會記得妳這位偉大的科學家！

 拍拍我的妹妹！

深層探究！
＊為了使元素從不穩定變成穩定的狀態，就必須改變其內部構造，在這過程當中會釋放出光線來，而放出光線的成分就是放射能。瑪麗・居禮所發現的釙與鐳，就是非常強烈的放射性物質，雖然鐳能夠殺死癌細胞，所以被應用醫學治療上，但是長期照射卻可能導致罹患癌症或白血病等疾病。

結果如何呢？
由於瑪麗・居禮長期暴露在放射性物質之下，結果罹患了白內障，雙眼幾近失明，手指也腫脹到幾乎不能動作的狀態。她的健康逐漸惡化，最後在 1934 年 7 月 4 日於瑞士的療養院中過世。據說直至今日，她所遺留下來的研究筆記及論文裡，仍有放射性物質殘留。

20世紀最偉大的女性科學家，瑪麗・居禮

放射能運用

瑪麗・居禮憑藉著堅強毅力，在歷經數千次的研究，終於萃取出鐳，也由於她的這項研究，為開啟「放射能時代」打下了一片基礎。如今放射性物質已活用於我們生活周遭，但由於其危險度高，所以使用時仍須小心。

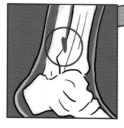

醫學

X光是放射性物質中所釋放出來的一種粒子放射線，利用X光來拍攝人體內的相片就是X光片（X-ray）。

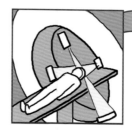

醫學

以放射線照射體內的放射線治療，可在不執行手術的狀況下，抑制並殺死體內的癌細胞。

能源

只要對放射性物質施以衝擊，就能釋放出強大光線與能量，而利用這種性質來產生能源的地方就是核能發電廠。

犯罪搜查

在進行犯罪偵查時，可利用放射線在不破壞證據的狀態之下，有效且準確地進行分析。

考古學

「放射性碳定年法」是一種以測量化石或遺跡的放射性物質，來推定其年代的方法。

文化財管理

利用放射線照射文化財，可輕易掌握其內部構造與缺陷，並有效幫助保存與復原。

瑪麗·居禮的生平

1867

- 出生於波蘭華沙，為家中么女
- 從小就在身為科學教師的父親書齋中把玩實驗器材

1884

擔任家教，並支援姊姊布洛尼亞在巴黎唸書的學費

1891

進入巴黎大學攻讀物理學

1893

以第一名的成績取得物理碩士學位

與法國物理學家皮耶·居禮結婚，取得法國國籍 **1895**

為了萃取出0.1克的鐳化合物，分解了8噸的礦石！

讀過亨利·貝克勒的論文後，開始研究放射性物質 **1897**

1903 — **1902** — **1898**

因研究放射能有成，與皮耶·居禮、亨利·貝克勒共同獲頒諾貝爾獎

從瀝青鈾礦中萃取出鐳化合物

發現全新的放射性物質，並分別命名為「釙」與「鐳」

1906

- 在一次馬車事故中，皮耶·居禮離開了人世
- 繼丈夫之後，成為巴黎大學物理學教授

大女兒伊雷娜·約里奧-居禮與女婿弗雷德里克·約里奧-居禮發現人工放射能，因此獲得1935年諾貝爾化學獎，而二女婿小亨利·理查森·拉布伊斯也在1965年代表聯合國兒童基金會獲得諾貝爾和平獎，居禮一家共有5名諾貝爾獎得獎者。

1911

萃取純鐳有成，再度獲得諾貝爾化學獎

1914

爆發第一次世界大戰，運用X光治療傷兵

1921

獲得美國第29任總統哈定贈送的1克鐳

1934

因白血病過世，享年67歲，死後安葬在丈夫墓旁

圖片資料提供單位

P16　奴隸解放宣言文：Wikipedia，林肯紀念館銅像：Shutterstock
P20　留聲機、白熾燈泡：Shutterstock
P36　華城城役儀軌、牧民心書：韓國學中央研究院
P40　大衛像：Shutterstock，卡辛那之戰、創世紀：Wikipedia
P56　達利劇場博物館：達志影像/提供授權
P69　兒童雜誌創刊號封面：韓國方定煥財團
P80　貝多芬的第14號弦樂四重奏親筆樂稿、海利根施塔特遺書：Wikipedia
P85　小美人魚銅像：Shutterstock
P88～89　紅色葡萄田、吃馬鈴薯的人：Wikipedia
P92　寄給妻子的信：國立現代美術館
P100～101　直升機草圖：Shutterstock，降落傘草圖、裝甲車草圖、腳踏車草圖、最後的晚餐：Wikipedia
P108　水錶：文化財廳
P112～113　桂爾公園、巴特婁之家：Shutterstock

偷看愛迪生的聊天室
27位世界偉人的凸槌趣史
—————————————————————————————————

2020年6月1日初版第一刷發行

作　　者　崔玉任
繪　　者　金素姬
譯　　者　馬毓玲
編　　輯　曾羽辰
美術編輯　黃湞瑢
發 行 人　南部裕
發 行 所　台灣東販股份有限公司
　　　　　＜地址＞台北市南京東路4段130號2F-1
　　　　　＜電話＞（02）2577-8878
　　　　　＜傳真＞（02）2577-8896
　　　　　＜網址＞http://www.tohan.com.tw
郵撥帳號　1405049-4
法律顧問　蕭雄淋律師
總 經 銷　聯合發行股份有限公司
　　　　　＜電話＞（02）2917-8022

TOHAN
購買本書者，如遇缺頁或裝訂錯誤，
請寄回調換（海外地區除外）。
Printed in Taiwan

國家圖書館出版品預行編目（CIP）資料

偷看愛迪生的聊天室：27位世界偉人的凸槌趣
史 / 崔玉任著；金素姬繪；馬毓玲譯. -- 初
版. -- 臺北市：臺灣東販，2020.06
120面；19×22公分
ISBN 978-986-511-365-0（平裝）

1.世界傳記 2.通俗作品

781　　　　　　　　　　　　　　　109005900